Research on the Spatial Effect of Local
Fiscal Expenditure on Industrial
UPGRADING IN CHINA

中国地方财政支出对产业升级的空间效应研究

刘仁济 / 著

中国财经出版传媒集团

经济科学出版社
Economic Science Press

前言

党的十九大报告指出，"我国经济已由高速增长阶段转向高质量发展阶段，正处在转变发展方式、优化经济结构、转换增长动力的攻关期，建设现代化经济体系是跨越关口的迫切要求和国家发展的战略目标，必须坚持质量第一、效益优先，以供给侧结构性改革为主线，推动经济发展质量变革、效率变革、动力变革"。

"创新、协调、绿色、开放、共享"的新发展理念深刻揭示了中国实现更高质量、更有效率、更加公平、更可持续发展的必经之路，尤其在当前"三期叠加"（经济增速换挡期、结构调整阵痛期、前期刺激政策消化期）背景下如何实现经济高质量、可持续增长就显得尤为关键；而如何通过产业升级，实现经济高质量增长就成为中国接下来亟待解决的一个关键问题。随着财政在国家治理中的基础和支柱作用越来越被认可，借助财政手段助推产业升级，应成为新时期实现高质量增长、构建现代化经济体系的重要抓手。

本书探讨了财政支出政策在推动产业升级过程中的重要作用，有助于深化决策者对借助财政政策工具支持产业升级的重要性和有效性的认识；剖析了地方财政支出和产业升级在时空上的演变特征，以明晰财政支出政策和产业升级的历史变迁与演进规律，转变产业发展观念；进一步将空间因素纳入地方财政支出对产业升级的效应研究，并通过引入政府竞争理论为空间效应的实证分析提供了理论支撑。由于产业升级的空间效应与财政支出竞争联系紧密，从地方政府间的竞争关系视角出发，系统阐述了财政支出竞争作用"产业升级"产生空间效应的形成机理，且试图探索公共财政理论、政府竞争理论以及产业组织理论在分析空间效应时的有机结合，以丰富财政作用产业升级的理论基础，并进一步对地方财政支出作用产业升级的空间效应进行了科学、系统的检验，为优化地方政府财政支出结构、规范地方政府竞争行为提供决策参考。此外，本书还分区域考察了财政支出竞争对产业升级空间效应的差异性，提出了针对不同区域规范竞争策略选择、重构地方政府间竞争秩序、引导地方政府竞争回归理性的对策建议。通过具体问题具体分析，更好地指导区域"产业升级"实践，这对于在新时期实现高质量增长、构建现代化经济体系具有重要的现实意义。

对于书中的疏漏和错误，文责自负，且恳请专家和读者予以批评和指正，也非常愿意与读者进行交流和商榷。希望本书的出版能对关注产业升级进程中的财政政策问题的理论界和实务界人士有所裨益，对理论研究和实际工作有所推动。

2020 年 6 月

目　录
CONTENTS

第1章　绪论 ·· **1**

1.1　研究背景与研究意义／1

1.1.1　研究背景／1

1.1.2　研究意义／2

1.2　研究思路与主要内容／4

1.2.1　研究思路／4

1.2.2　主要内容／5

1.3　研究目的与研究方法／7

1.3.1　研究目的／7

1.3.2　研究方法／7

1.4　主要创新点与不足之处／8

1.4.1　主要创新点／8

1.4.2　不足之处／9

1.5　研究范围的界定和相关概念说明／9

第2章　文献综述 ·· **11**

2.1　产业升级的内涵／11

2.1.1　一个新的内涵分析框架／11

2.1.2　产业升级、产业转型、产业结构升级三者关系辨析／15

2.2　支持产业升级的财政政策研究／17

2.2.1　财政支持产业结构升级／17

2.2.2　财政支持产业生态化／21

2.2.3　财政支持技术创新／23

2.3　文献评述／26

第3章　地方财政支出对产业结构升级的空间效应 ·············· **28**

3.1　引言／28

3.2　传导机制分析：两条传导路径／32

3.2.1　三次产业结构升级／33

3.2.2　要素禀赋结构升级／33

3.2.3　两条传导路径的比较／34

3.3　空间效应的研究方法／35

3.3.1　新经济地理学／35

3.3.2　空间计量经济学／35

3.3.3　空间自相关检验／36

3.3.4　空间计量模型形式／37

3.4　财政支出的总量效应与结构效应／40

3.4.1　教育支出／40

3.4.2　科学技术支出／41

3.4.3　一般公共服务支出／41

3.4.4　政府投资性支出／42

3.5　本地直接效应分析／42

3.5.1　数据说明、变量设置与模型设定／42

3.5.2　实证检验与结果分析／49

3.6　空间溢出效应检验／54

3.6.1　时空演变特征分析／54

3.6.2　理论分析与形成机理／57

3.6.3　空间自相关检验／65

3.6.4　空间溢出效应实证检验与结果分析／68

3.7　结论与政策建议／76

3.7.1　研究结论／76

3.7.2　政策建议／77

第4章　地方财政支出对产业生态化的空间效应 ················ **79**

  4.1　引言／79

  4.2　空间效应的形成机理／81

    4.2.1　生态要素跨区域流动／81

    4.2.2　经济发展水平和财政能力差异／82

  4.3　空间相关统计描述／83

    4.3.1　财政支出与产业生态化的时空演变特征分析／83

    4.3.2　空间自相关检验／84

    4.3.3　研究假设的提出／86

  4.4　空间效应的实证检验／87

    4.4.1　指标选取与数据说明／87

    4.4.2　模型的设定／92

    4.4.3　实证检验与结果分析／93

  4.5　结论与政策建议／100

第5章　地方财政支出对技术创新的空间效应 ················ **104**

  5.1　引言／104

  5.2　科教支出作用于技术创新的传导机制／106

  5.3　空间效应的形成机理／107

  5.4　理论分析与研究假设的提出／109

  5.5　空间相关性统计描述／111

    5.5.1　技术创新的时空演变特征分析／111

    5.5.2　空间自相关检验／112

  5.6　空间效应的实证检验／114

    5.6.1　指标选取、数据说明及模型的设定／114

    5.6.2　实证检验与结果分析／119

  5.7　结论与政策建议／124

第6章　结论与展望 ················ **126**

  6.1　研究重点回顾与主要结论／126

6.1.1 构建了产业升级的内涵分析框架 / 126

6.1.2 揭示了地方财政支出的产业升级空间效应的形成机理 / 127

6.1.3 实证检验了地方财政支出对产业升级的空间效应 / 129

6.2 有待进一步研究的问题 / 135

6.2.1 产业升级进程中政府与市场的角色 / 135

6.2.2 财政支出结构偏向性问题 / 135

6.2.3 产业升级中的"转移支付"问题 / 136

6.2.4 地方政府间的合作与竞争问题 / 136

6.3 研究展望 / 137

参考文献 / 139

后记 / 166

第1章

绪　论

1.1　研究背景与研究意义

1.1.1　研究背景

财政政策是产业升级的重要支撑，借助财政政策助推产业升级，可以通过优化相关财政政策在促进产业结构升级、提升产业生态化水平、增强技术创新能力等方面发挥引导功能，以实现资源的优化配置。但是，由于资源要素跨区域流动性的存在，财政政策在空间上的依赖性日益紧密，财政支出的跨区域溢出效应受到越来越多的重视，并且这种溢出效应会随着地区间在经济发展水平、地理空间距离等方面的差距而存在较大差异。

以财政分权为核心的中央和地方新型的、稳定的制度供给互动模式为地方政府拓宽了制度创新空间，确保了以"经济增长为中心"的地方政府竞争机制的平稳运行，极大地激发了从中央到地方的经济发展的热情。具体而言，分权制后地方政府承担了主要的公共服务供给和支出责任，地方支出体系对全局经济影响越来越深刻，尤其在收入分权既定的情况下，地方政府在支出分权领域掌握了较大的自主权。

产业活动在地理空间上从来不是相互割裂的，经济的发展日益呈现出紧密的空间联系。政府财政支出的变化除了影响本地区产业发展，也会对邻近地区产生政策溢出和带动作用；政策效应的空间溢出实质上反映的是地方政府在产业领域的模仿和竞争。地理上相邻的地区更容易产生模仿和竞争，而随着地方财政体系的日益完善，地方政府在财政支出上的竞争也日益激烈。由此可见，对财政支出产业升级效应的考察需考虑空间因素，以保障对财政效应解释的科学性和完整性。

国内外对财政政策效应的相关研究已取得了长足进步，积累了一定的研究成果，但从研究的视角来看，较为普遍地忽视了空间因素对地方政府财政政策选择的影响。而空间因素却是公共政策效应进行传播扩散的重要载体，地方政府在财政支出政策上的竞争必然会对邻近其他地区产生影响，而中国区域间差异显著，空间因素复杂多变。就空间效应产生的原因，是源自地理位置空间相邻的实际因素，还是生产要素的空间流动因素，又或者是政治、经济等体制和制度因素，对此本书应选择一个合适的切入点。

为实现区域产业升级，就必须对支持产业升级的财政政策空间效应有一个较为理性地理解。地方政府应更多地关注如何消除产生不利影响的空间因素，在充分发挥市场机制决定性作用的基础上，实现区域资源的有效配置，通过构建地方政府间合理有效的竞争秩序，在实现区域产业结构升级、产业生态化以及技术创新方面扩大积极有效的溢出效应，最终形成"结构合理、生态环保、创新高效"的区域产业发展局面。

1.1.2 研究意义

本书对财政支持产业升级的空间效应进行了理论与实证两方面的研究，试图站在政府竞争视角科学认识产业升级，并借助财政手段有效地解决"升级"问题，促进区域产业升级的实现。为财政支持产业升级的空间效应提供理论与实证支撑，旨在助推产业结构升级、提升产业生态化水平、增强产业技术创新能力，最终为实现产业全面升级提供决策参考。因此，本书的研究具备较强的理论与实践意义。

1. 理论意义

产业升级是中国经济实现高质量增长的重要抓手，深入研究地方产业发展状况及其空间联系，是从国家层面整体把握产业升级战略的一条重要路径，因而极具特殊意义。

当前，关于财政支持产业升级的空间效应理论研究比较欠缺，这势必不利于财政效应的充分发挥。本书以地方财政支出对产业升级的空间效应为主要研究内容，从政府竞争理论视角认识地方政府产业升级的策略选择。地方政府竞争产生的根本原因既源自政治体制层面也源自经济体制层面，地方政府是较之于中央政府更能体现制度性特征的空间因素。因此，本书立足于地方政府间的竞争关系视角，系统阐述了财政支出竞争作用产业升级产生空间效应的形成机理，并且试图探索公共财政理论、政府竞争理论以及产业组织理论在分析空间效应时的有机结合，以丰富财政作用产业升级产生空间效应的理论基础，深化经济转型时期对财政助推产业升级的认识。因此，本书弥补了现有财政政策效应研究中对空间因素考虑的不足，通过以政府竞争理论为支撑，就空间效应产生的理论基础进行了有益补充，因而具备一定的理论价值。

2. 实践意义

除此之外，本书也具有一定的实践意义，可以概括为以下五个方面。

第一，依照产业升级过程中财政支持的现状，当下财政支持产业升级的支出总量缺口较大，支出结构亟待优化。除支出需求大而财力不足等原因外，一个重要问题在于决策者对财政支持产业升级的重要性、有效性认识不够。产业升级是一项长期、系统的战略工程，部分决策者的财政投入意愿更多建立在短期的政绩观上。可见，深化对产业升级的认识尤为迫切。

第二，是完善财政支持产业升级决策，优化支出结构的现实需求。本书从产业升级主要内涵的三个方面，对财政支出竞争作用产业升级的空间效应进行了科学、系统地检验，为优化地方财政支出结构、规范地方政府竞争行为提供决策参考。

第三，从动态视角出发，剖析中国地方财政支出政策和产业升级的时空演变特征。尝试从时空演变规律中深化对产业升级的认识，同时也利于转变产业发展观念，为优化产业升级财政政策提供决策参考。

第四，本书以地方政府的财政支出职能为研究视角，利于充分认识中国地方政府在协调推进区域产业升级过程中所发挥的重要作用，同时对优化区域财政政策具有重要意义。

第五，分区域考察了不同区域财政支出竞争对产业升级空间效应的区域差异性，提出了针对不同区域规范竞争行为的策略选择，重构地方政府间的竞争秩序，引导地方政府竞争回归理性的对策建议，以通过具体问题具体分析，更好地指导区域产业升级实践。

1.2 研究思路与主要内容

1.2.1 研究思路

本书的研究思路如图 1 - 1 所示。

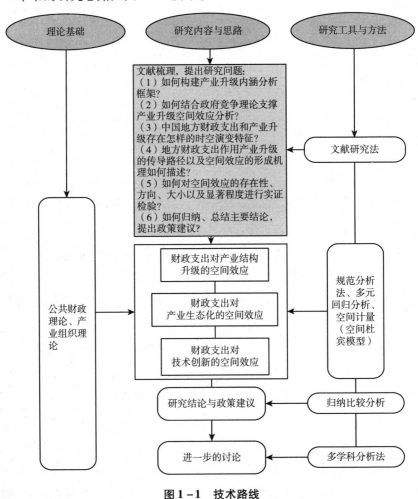

图 1 - 1　技术路线

1.2.2 主要内容

本书从地方政府竞争视角就地方财政支出对产业升级的空间效应展开研究，结合公共财政理论、产业组织理论以及政府竞争理论，采用定性和定量分析相结合的方法，深入分析了地方财政支出对产业升级的空间效应。全文按照理论分析框架→规范分析→实证检验→结果讨论的脉络演进。

第1章：绪论。包括四个部分，第一部分主要介绍本书的研究背景，提出亟须重视的财政政策空间效应问题，阐述这一问题在产业升级过程中的影响，并就选题研究的理论意义和实践意义进行概括说明；第二部分主要交代了本书的研究思路，展示了研究的技术路线图，并就本书主要内容作简要地概括；第三部分介绍了全文的研究目的以及研究方法；第四部分对全文的主要创新点进行了概括总结。

第2章：文献综述。对产业升级内涵的认识、易混淆的产业升级相关概念，以及财政支持产业升级的相关理论与实证文献进行了梳理、归纳和评述。构建了一个包括产业结构升级、产业生态化以及技术创新为主要内容的产业升级内涵分析框架。

第3章：地方财政支出对产业结构升级的空间效应。第一，就财政支出作用产业结构升级的效应研究进行了文献回顾，引出本章的研究思路。第二，分别从三次产业结构和要素禀赋结构视角分析了财政支出作用产业结构升级的两条传导路径，发现要素禀赋结构升级才是产业结构升级的实质。另外，从新经济地理学、空间计量经济学学科视角对当今主流的空间计量模型进行了介绍。第三，进一步从财政支出总量和结构的双重视角阐述了财政支出对产业结构升级的作用机制。第四，借助多元回归模型，就财政支出对要素禀赋结构升级的本地直接效应进行了实证检验。第五，进一步对空间溢出效应展开实证分析。首先，描述了财政支出和要素禀赋结构在时间和空间上的演变特征；其次，在理论分析、空间溢出效应形成机理描述的基础上提出了本章的研究假设；最后，借助空间杜宾模型对空间溢出效应展开了实证检验，借助政府竞争理论对实证结果进行解释，并归纳总结了本章的主要结论和政策建议。

第4章：地方财政支出对产业生态化的空间效应。第一，就财政支出作用产业生态化的效应研究进行了文献回顾，为空间效应研究提供了文献基础。第二，从财政支出竞争和要素流动视角对产业生态化空间溢出效应的形成机理进行了描述。第三，揭示了中国省级地方环保节能支出和产业生态化水平的时空演变特征，发现存在较为明显的空间非均衡特征，并就各变量的空间自相关性进行检验，提出研究假设，为下一步实证检验的展开做准备。第四，分别从财政支出总量竞争和支出结构竞争视角检验了财政支出对产业生态化的空间效应，并借助政府竞争理论对实证结果进行解释。第五，归纳总结了主要结论和政策建议。

第5章：地方财政支出对技术创新的空间效应。第一，在对现有财政支出作用技术创新的相关文献进行梳理的基础上，提出引入"财政竞争"变量，将空间因素纳入考量。第二，就科教支出作用技术创新的传导机制进行了分析，为实证检验提供理论支撑。第三，进一步分析了科教支出作用于技术创新产生空间溢出效应的形成机理，分别从支出竞争的有效性、创新要素的跨区域流动以及技术创新能力的地区差异三方面进行了描述，并通过理论分析，提出了科教支出存在显著的正向空间溢出效应的研究假设。第四，主要对理论假设展开了实证检验，首先进行的是技术创新的时空演变特征分析，发现中国省级技术创新能力具有显著的空间非均衡特征，呈现出"东部＞中部＞西部"的空间格局，且差距正呈逐步扩大的演进态势。第五，通过空间自相关检验，发现中国省级地方政府间的技术创新能力存在显著的空间相关性，随后在空间效应实证检验中得以进一步确认。第六，在提出研究结论的基础上分别从打破地方保护主义的行政壁垒、构建共享与合作机制，以及发挥中央政府协调者角色作用，加强欠发达地区转移支付三方面提出政策建议。

第6章：结论与展望。对本书所做工作进行总结，并就相关问题做进一步讨论，明确下一步研究方向。

1.3 研究目的与研究方法

1.3.1 研究目的

依据前面所阐述的研究背景和研究意义，本书的主要研究目的在于，在考虑空间因素和地方政府竞争条件下，对地方政府财政支出政策作用于产业升级的空间效应展开实证检验，并对政府竞争引发的经济后果作进一步分析。可从以下五方面进行归纳：

（1）将政府竞争理论指导下构建的空间杜宾模型作为财政支出政策产生空间效应的理论基础。

（2）通过文献梳理构建一个全新的，更为系统、全面的产业升级内涵分析框架，对产业升级从产业结构升级、产业生态化以及技术创新三方面进行再认识。

（3）阐述财政政策存在空间相关性的主要原因在于对流动性生产要素的争夺引发了地方政府间的竞争行为，从而使财政政策产生空间溢出效应。并在此基础上就财政支出竞争对产业升级空间溢出效应的形成机理进行描述。

（4）实证检验政府竞争背景下，地方财政支出政策对产业升级空间效应的存在、方向以及程度。

（5）在理论与实证研究的基础上，提出支持产业升级的财政政策取向，为相关研究提供理论依据与经验证据。

1.3.2 研究方法

依据研究的主要问题和目标，本书构建了一个包括理论研究和规范研究相结合、静态分析和动态分析相结合以及定性分析和定量分析相结合，科学全面的研究方法体系，具体研究方法如下：

（1）通过对国内外产业升级相关文献的梳理、总结和归纳，构建了一个全新的产业升级内涵分析框架。

（2）产业结构升级指数、产业生态化水平以及技术创新强度的量化数据无法直接获得，本书在构建指标评价体系的基础之上，主要采用因子分析法得到各变量的综合因子得分，以此作为各被解释变量的量化数据。

（3）采用2011～2015年的省级面板数据，并借助 ArcGIS 软件，揭示了中国各省级财政支出（含总量和结构两个方面）以及产业结构升级指数、产业生态化水平以及技术创新强度的时空演变规律，以更为直观的方式展示各变量的时空演变特征。

（4）在时间维度基础上，进一步引入空间维度；在空间计量方法上，借助空间杜宾模型对财政支出的空间效应展开分析。

1.4　主要创新点与不足之处

1.4.1　主要创新点

本书探讨了地方财政支出对产业升级的空间效应。核心工作包括：强化政府竞争对空间效应的理论支撑；掌握地方财政支出和产业升级的时空演变特征；描述地方财政支出竞争对产业升级的空间效应的形成机理，以及实证检验空间效应的存在性、方向和程度；重建地方政府竞争秩序，规范地方政府竞争行为，转变空间消极影响的财政支出取向。以上几方面既是本书的重点难点，也是主要创新点，具体主要体现在以下几个方面。

第一，构建了一个全新的、系统的产业升级内涵分析框架。现有研究对产业升级内涵的认识较为片面，表现为较为普遍地认为产业升级就是产业结构的优化和调整，尽管也有文献关注了产业生态化和产业的技术创新问题，但并未将三者纳入同一个内涵分析框架。甚至混淆产业升级、产业转型、产业结构升级等概念。通过对国内外产业升级主题相关文献的梳理、归纳与总结，本书构建了一个包含产业结构升级、产业生态化以及技术创新三位一体的产业升级内涵分析框架。

第二，从要素禀赋结构视角认识产业结构升级。对于产业结构升级的认识，现有研究多从三次产业结构视角出发，即三次产业结构比例优化。本书通过比较分析两种产业结构升级认识，即三次产业结构升级和要素禀赋结构升级，进一步提出产业结构升级的实质在于要素禀赋结构升级。

1.4.2 不足之处

第一，本书主要考察了省级层面财政支出对产业升级的空间效应问题，有学者提出，由于省级以下各地方之间的异质性更小，相互间在产业政策上的竞争关系可能会更为显著，而本书并未过多的对此进行深入分析。

第二，除了区域间的异质性，行业间的异质性同样值得关注。不同的行业其产业升级的路径各有不同，而不仅是高级要素相对于初级要素不断丰裕的过程。

1.5 研究范围的界定和相关概念说明

为了在研究过程中更为清晰、准确地表述本书的研究对象和研究内容，本书中所涉及的相关概念以及研究范围做如下界定和说明：

（1）本书所指的地方财政支出主要指省级地方财政支出，不含中央财政支出。各项地方财政总量支出和结构支出指标均与《中国财政年鉴》中的财政支出科目保持一致。

（2）对于地方政府竞争概念的界定，在本书主要指地方政府间的财政支出竞争。其中需进一步说明的是，某项财政结构性支出所占总支出的比重越大，意味着地方政府在该支出上的竞争程度也就越强。

（3）对于本书所涉及的各结构性支出分项的选择，本书主要选择了地方政府教育支出、科学技术支出、节能环保支出、一般公共服务支出以及政府投资性支出。内生增长理论认为，教育支出、科学技术支出以及政府投资性支出是具有生产性支出属性的支出。其中，政府投资性支出能够直接向资本转化，科学技术支出能改变资本边际产品递减趋势，人力资本理论将教育支出视为人力资本投资，是提升人力资本的重要途径，且主要以未来的发展和收益为投资目的，被视为一项长期战略性支出，效果具有滞后性特征。节能环保支出是当前政府部门履行环境保护、污染治理以及节能减排等政府职能的重要财政政策手段，是满足产业升级进程中产业生态化需要的重要政策工具。而一般公共服务支出的快速增长，反映了政府规模的扩张和干预力度的增加，易引发地方政府开辟预算外增收途径，导致企业税费负担增加，利润被挤占，创新动力不足，从而不利于产业升级。政府投资性支出的规模、重点与方向一定程度上决定了产业在发展水平和速度上的差异，成为产业升级的动力，与此同时，这一类别支出具有突出的短期经济效应，主要包括农林水事务、交通运输、资源勘探电力信息等事务支出。

（4）书中地方财政支出对产业升级的空间效应包括了本地直接效应和空间溢出效应两个方面。

（5）本书中产业升级是一个综合概念，在通过对产业升级的内涵及外延相关国内外文献梳理总结的基础上，将产业升级的内涵分解成产业结构升级、产业生态化以及技术创新三个方面分别予以考察，且在构建指标评价体系基础上，经过数学模型运算予以量化。

（6）书中实证分析部分采用的软件为 Stata 12.0。

第2章

文献综述

2.1 产业升级的内涵

2.1.1 一个新的内涵分析框架

当前,国内外学者就"产业升级"存在着众多不一的认识。产业升级是管理学和经济学相互交叉的学科问题,现有文献主要从这两方面认识其内涵。经济学方面,主要从宏观经济和中观产业层面加以考察,强调产业结构的调整以及依靠技术进步提升生产效率;而管理学主要是从企业微观角度考察其竞争力以及在产业价值链中位置的变化。本节将从经济学和管理学双学科角度梳理国内外现有研究,旨在提出本书对产业升级的认识以及产业升级问题的分析框架,为下面开展财政支持产业升级的效应研究提供思路。

1. 经济学视角

(1)国内研究。当前,关于产业结构优化的研究,国内学者比较统一地认可三次产业间比例结构的变化是产业升级内涵的表现,如唐剑光(1998)、王廷科(1999)的研究。金艳清(2012)认为产业结构优化首先是在三次产业中第一产业所占比重逐步向第二、第三产业不断演进的过程。从世界经济结构发展的趋势来看,经济的发展表现为产业变动的趋同(陈丹,2008)。在产业经济学中,产业升级被认为是产业从低层次向高层次递进的过程，带来产业结构的变动和产业结构效益的提升。对此，梅述恩（2007）、遇芳（2013）提出通过产业结构高度化来认识产业升级。苏东水（1998）进一步指出，所谓产业结构高度化就是三次产业的比例关系不断得到调整、优化和升级，沿着第一、第二、第三产业的相对优势地位向前推进，其中高技术产业和战略性新兴产业占据了越来越重要的地位。

然而，产业结构优化的内涵远不只如此。产业结构优化还表现为产业内部要素禀赋结构的升级。苏东水（1998）、金艳清（2012）所理解的产业升级的内涵就不限于三次产业间的结构关系，他认为还可以从要素演进规律，即劳动密集型、资本密集型、技术密集型、知识密集型递进发展的路径来认识产业升级。经济学理论同样从要素转移视角对产业升级进行了阐述，指出在要素聚集演进的过程中，尤其是技术和知识密集型产业的发展极大地推动了产业升级。有学者将视角进一步细化，从制造业内部结构的角度认识产业升级。庄志彬（2014）认为中国加工工业和重工业比重大，"高精尖"产业比重小，对此应合理地调整工业内部比例结构，推动制造业内部结构技术化、知识化、现代化升级。

可见，国内经济学学者认识的产业结构主要是基于产业间结构以及产业内部的要素结构，但产业结构的优化本质上还是必须依靠技术创新推动技术进步，提升生产效率。2011年印发的《国务院关于印发工业转型升级规划的通知》（以下简称《通知》），《通知》对产业升级的定义是：通过全面优化技术结构以及行业结构，推动工业整体结构的优化。赵敏慧（2008）同样认为，产业升级主要依靠技术进步的驱动改善产业结构。

现有文献就技术创新在产业升级过程中的重要作用从多个层面进行了分析，产业升级的过程实质上就是产业创新以及产业更替的过程，产业升级的主要内容在于产业创新（张耀辉，2002）。在宏观层面，吴敬琏（2006）认为现代经济的持续增长应以技术创新和效率提升为支撑，这就意味着产业的升级离不开技术创新，以此来改变以往主要依赖投资的经济增长模式。在中观层面，刘志彪等（2000）从产业间和产业内两方面强调，产业升级是产业从低附加值、低技术状态，不断向高附加值、高技术状态演进的过程。李江涛（2004）理解的产业高度化是指，通过技术创新和进步推动产业相互间由先进产业持续替换落后产业的过程。在微观层面，丁焕峰（2006）认为产业内的企业技术创新能带动消费者对新产品的需求，促进生产要素向优势产业流动，使该产业获得丰厚利润的同时，聚集更多的优势资源，最终实现升级。综上所述，不管从哪个层面上看，其共同之处在于产业升级是通过技术创新从低附加值、低技术状态，不断向高附加值、高技术状态演进的过程（孙文远，2006）。

（2）国外研究。产业结构被认为是衡量一个国家经济发展状况的重要标志。这一概念始于 20 世纪 40 年代，最早主要是用来描述产业间的关系结构，贝恩（Bain，1966）在《产业结构的国际比较》中将产业结构理解为产业内部的企业间关系，这就使产业结构这一概念涵盖了产业间和产业内部的全部结构关系。

从产业间结构角度看，佩蒂（Petty，1676）最早在其著作《政治算术》中比较分析了英、荷、法等国家经济结构及其成因，发现由于商业的收益远大于工业，致使劳动力要素向具有高收益的商业部门转移，进而增加了商业比重。在费舍尔（Fisher，1935）等三次产业划分思想影响下，产业升级被界定为产业的重点转移，表现为：三次产业结构依次由第一产业比重占优态势逐步向第二、第三产业比重占优态势转变。库兹涅茨（Kuznets，1971）通过对世界各国数据整理研究发现了产业升级过程中的规律，即产业产值与劳动力的比重在农业部门占比下降，在工业部门占比先上升后下降，而在服务部门占比上升。

尽管国外对产业升级的内涵未实现统一认识，但仍需从产业的经典定义层面来对这一概念的内涵加以梳理。国外早在 20 世纪 90 年代以及 21 世纪初就已经开始从要素结构视角来认识产业升级，代表人物有胡桐（Poon，1993）、杰里菲（Gereffi，1999）以及波特（Porter，2002）。波特（2002）认为，产业升级就是当资本要素相对于劳动力等其他要素资源禀赋更为充裕时，国家进而在资本、技术密集型产业中发展比较优势。这一认识强调的是劳动密集型产业依次向资本和技术密集型产业的演进，目前国内学者的研究大多基于这一观点。另外，波特在其《国家竞争力》一书中特别强调生产要素在产业升级中的作用。他认为生产要素可以被划分为初级生产要素和高级生产要素，初级生产要素的比较优势在不断减弱，而以技术和知识为核心的高级要素具有相对稀缺性，越来越能够通过产业升级形成动态比较优势，从而在竞争中胜出。杰里菲和胡桐对波特的观点进行了继承、扩充以及细化。例如，杰里菲（Gereffi，2007）从中观层面指出，产业升级就是经济体由初级要素占主导地位的状态向更具有获利能力的资本、技术等高级要素密集状态转变的过程，他将产业升级划分为产品升级、经济活动升级、产业间升级以及产业内部升级四个层次。胡桐（1993）把视线范围缩小到工业制造业，认为制造业升级是制造商致力于从生产劳动力要素密集的低价值产品转向生产高价值资本、技术要素密集的过程，其实质是行业间要素结构的转换。可见，国内外比较普遍认可波特的国家要素禀赋优势说，后人多在其认识基础上加以推广和深化。

产业间和产业内部的升级活动主要以技术创新、流程重组和附加值创造为主要途径。筱原三代平（1957）就曾指出，应该优先考虑发展那些具有生产率上升快、技术进步率高等特征的优势产业。法格伯格（Fagerberg，2000）等一致认为，技术创新能够推动提升生产率，诱导高级生产要素向优势产业聚集，最终实现该产业的升级。另有学者从产业升级的供给和需求两方面驱动因素角度认识技术创新在产业升级中的作用，尤其在供给因素方面，西方的经济学家主要从技术创新角度展开研究，如库兹涅茨（1971）在分析产业升级的驱动因素时主要考察产业间的劳动生产率在技术水平上的差异。

2. 管理学视角

国外的管理学领域对产业升级的研究主要基于价值链视角，且多以企业为中心考察企业生产能力的变化和竞争力的提升。价值链的概念是由波特于1985年首次提出，他认为企业所从事的设计、生产、销售等过程都可以通过借助价值来加以表现。可见价值链视角主要以企业行为或行业价值链的提升为研究对象。例如，杰里菲（1999）认为，产业升级是企业向具有更高利润的资本与技术密集型实体发展的过程，他进一步地总结了企业层面产业升级的四种表现形式：从企业产品层面看，表现为从简单产品到复杂产品的转变；从企业经济活动层面看，表现为从贴牌生产到自主品牌生产再到自主设计生产发展的依次递进；从企业部门内部看，表现为产品及服务的附加值提升；从企业部门间看，表现为企业从低级要素密集型产品生产向高级要素密集型产品生产的转变。杰里菲（2011）进一步地构建起了全球价值链的理论和框架，突出价值链上各位置环节上价值的创造和获取的重要意义，该理论在产业升级上表现为企业、地区或国家按所处价值链的价值阶梯递进提升的过程。而汉弗莱和施米兹（Humphrey and Schmitz，2004）在杰里菲的基础之上提出了以企业为中心的四种产业升级方式：一是流程升级，通过重组或引进高新技术来提升企业投入产出效率；二是产品升级，进行高附加值产品生产；三是功能升级，放弃现有低附加值功能，寻找产业链上新功能；四是部门间升级，将已获知识运用于新的领域。

国内从管理学的角度对产业升级的研究主要立足于国外，例如冯艳丽（2009）等国内学者从产业价值链角度切入对产业升级进行了界定，他们认为一国的产业升级是其产业在全球价值链中从低附加值环节向高附加值环节不断攀升的过程，也就是同一价值链中的各个不同价值链环节互动的动态结果。不难发现，这一认识其实来源于国外的经典概念——产业链升级。

由此可见，国内外学者对产业升级在管理学上的认识多站在企业的角度，其实质是把产业升级理解为提高企业的生产能力和竞争力。另外，从西方学者提出的全球价值链理论看，该理论在产业升级上表现为企业按所处价值链的价值阶梯递进提升的过程。

2.1.2　产业升级、产业转型、产业结构升级三者关系辨析

通过国内外双学科角度的文献梳理，本书发现当前对产业升级内涵的认识主要有四种：一是产业间结构升级；二是产业内要素结构升级；三是以提升附加值为目的的技术创新；四是以企业为中心的价值链升级。但当提及产业升级时，学者们常将其和产业转型、产业结构升级联系在一起，对于三者之间的关系，存在着等同论和包含论，那么三者之间到底存在着怎样的相互关系？对这一问题的厘清，首先要认清三者各自的内涵。

对产业转型的认识主要有两种说法。一种是从宏观层面，认为产业转型是一个国家或地区在特定的历史时期，依据所处的国内外社会经济发展环境，借助相应的产业、财税政策对现有的产业结构进行调整，其中包括

了对结构中的主导产业、产业规模、产业结构比例、产业组织等多方面的调整，是一个综合性的过程。另一种认识立足于产业内部，认为产业转型就是劳动力、资本、技术等生产要素在产业间或行业间的再配置，表现为生产要素从衰退产业到新兴产业的转移。

也有学者认为产业转型有广义和狭义之分。广义的产业转型被认为是产业新陈代谢的过程，体现的是经济活动动态变化的全过程，是经济社会可持续发展的生产和消费两个方面的全过程，而不仅局限于某一产业部门或行业的转型。狭义的产业转型可以分为三类：一是产业结构转型，指产业结构的重构，主要表现为主导产业的调整变化，实质是生产要素的替代更迭以及重组；二是产业关系系统转型，主要是从制度的角度出发，对财产权的归属、主雇关系、公私关系以及市场中的交换性质等方面来判断产业转型是否发生；三是产业布局重构，即改变传统产业的布局结构，进而转向以高技术产业或战略性新兴产业为主导的产业新格局。综合广义和狭义两种观点，可以把产业转型定义为：产业转型是在一个国家或地区的国民经济构成中，产业结构、产业关系以及产业布局发生显著性变化的过程。具体表现为：以高技术或战略性新兴产业为主导的产业结构转型、遵循市场规律导向的产业关系转型以及集聚导向的产业空间布局转型。

产业升级和产业转型既有区别又有联系。首先，产业升级和产业转型具有显著的区别：一是从驱动因素看，产业升级的驱动因素主要是资本和技术创新，而产业转型的驱动因素更为丰富；二是产业升级具有既定路径，如可沿着价值链升级，而产业转型没有既定的转型路径；三是产业升级是低技术、低附加值状态向高技术、高附加值状态的不断攀升，而产业转型却未必指朝着发展的方向转变；四是产业转型意味着要用新的产业彻底地替代原有产业，而产业升级需立足于原有产业，通过技术创新、优化配置资源实现升级。如此可见，产业转型的内涵要比产业升级的内涵更为宽泛。其次，产业转型和产业升级二者的联系在于：一是两者本质上都是原有要素在环境不断变化时的重组，都以提高生产率，推动经济发展为最终目的；二是产业转型是产业升级的条件，产业转型需要对生产方式进行变革，由要素驱动转向创新驱动，摆脱对传统要素成本优势的过度依赖，提升产业技术水平和附加值，故产业转型是产业升级的内在条件和外在表现，产业升级的问题应放在国家经济转型大背景下予以解决；三是产业升级是产业转型的目的，即推动产业间和产业内部结构的优化升级，通过技术、制度创新提升产业的整体竞争力，但产业转型的目的不仅在于促成产业升级。

《现代经济词典》中，产业升级就是产业结构升级。另外，也有国内学者把产业升级和产业转型统称为产业转型升级。刘志彪（2000）就把产业升级等同于产业转型升级，他认为产业转型升级的过程就是产业从低技术、低附加值向高技术、高附加值不断动态演进的过程。然而，通过前面对文献的梳理可知，产业结构升级包括了产业间结构升级以及产业内部要素结构升级，它们共同构成产业升级。由此可见，一些学者理解的产业升级等同于产业结构升级或者产业升级等同于产业转型的观点均有失偏颇。本书认为，三者的内涵关系范围应为"产业转型 > 产业升级 > 产业结构升级"。

综上所述，由于本书将从经济学的角度考察财政支持产业升级的效应，产业升级这一学科交叉概念在本书更多地倾向于从经济学的角度加以解释。另外，现有文献大多忽略了产业升级其实也是产业从低生态化水平向高生态化水平发展转换的过程，高污染、高排放、高耗能将导致产业生态水平低下，不利于产业升级，产业生态化也应是产业升级内涵的重要组成部分。因此，下面将从产业升级的内涵出发，分别从产业结构升级（实质在于要素禀赋结构升级）、产业生态化以及技术创新三个方面就财政支持产业升级的效应展开研究。

2.2　支持产业升级的财政政策研究

2.2.1　财政支持产业结构升级

要从根本上缓解经济发展与资源环境之间的矛盾，必须构建科技含量高、资源消耗低、环境污染少的产业结构，而财政政策在推动产业升级方面发挥着重要作用，也引发了学者们的广泛关注，积累了大量相关文献。

从研究内容与视角来看，现有的相关研究主要集中于以下几个方面。

1. 关于财政体制与产业结构升级的研究

一国的财政体制具有显著的产业效应（Luna and Murray，2010）。纳亚尔（Nayyar，2008）认为，对于发展中国家来说，公共财政政策在产业结构调整中甚至具有决定性作用。作为转型国家，中国的财政体制无疑对产业结构的优化调整具有重要作用，这也引起了学者们的广泛关注。郭晔等（2010）运用1978～2009年中国31个省份的面板数据，采用面板协整检验和固定效应模型，实证研究财政政策的区域和产业效应。研究发现，财政政策对第三产业的结构调整效应有待提高，其在中部地区的产业调整效应很弱，此外，财政政策在西部地区对第二产业的效应较弱，而对第三产业的效应较强。安苑等（2012）利用1998～2007年的区域和产业数据，实证研究地方政府的财政行为特征对产业结构升级的影响。研究认为，地方政府财政行为的波动显著抑制了产业结构升级，具体而言，财政行为的波动性越大，技术复杂程度较高产业的份额下降越多；此外，与基本建设支出和科教文卫支出相比，行政管理支出的波动性具有更大的负面作用。贾莎（2012）研究了财政政策促进产业结构调整的经济效应。研究认为，以税收收入和企业所得税收入衡量的政府税收竞争变量对地区产业结构趋同有显著的正向影响，说明地方政府追求可控制的财政收益会加剧地区产业结构的趋同。

土地财政是中国财政体制中的一个重要特征，它对中国的产业结构产生了哪些影响呢？学者们对此展开了丰富的理论与实证研究。陈志勇等（2011）采用2000～2009年的中国省级面板数据，实证分析了2000年以来的财政体制变迁与土地财政形成以及产业结构调整之间的联系机制。研究结果表明，税收收入集权效应和土地房产财税收入的分权效应促使中国产业结构中房地产业比重上升的作用机制是存在的。孙克竞（2014）采用中国省级面板数据构建由地方财政土地依存度、地方产业结构、地方财政收支缺口、地方债务增长四个内生变量组成的联立方程，研究认为，只有实现从法律层面到实践机制全方位的土地出让制度变革，并辅之以地方财税管理制度改革和产业结构优化，地方经济发展才能真正迈向"后土地财政"时代。

2. 关于财政收支政策与产业结构的研究

在税收政策方面，通过开征税种与实施税收优惠政策，税收政策在推动产业结构升级中产生着重要影响。达拉特（Darrat，1999）、瓦哈卜（Wahab，2011）研究认为，作为结构性政策，税收的差别化税率与累进制等财政政策有利于实现产业结构的调整升级。范波德斯伯格（Van - Pottelsberghe，2003）通过构建 17 个国家的面板数据的实证研究也发现，税收优惠能够显著增加企业的 R&D 活动，从而提高企业技术等软实力，进而推动产业结构的优化升级。在国内相关研究中，张海星等（2010）与李大明等（2011）分别研究了资源税、货物与劳务税改革对产业结构升级的影响。研究认为，资源税、货物与劳务税改革对产业结构优化升级具有重要的引导与推动作用。储得银、建克成（2013）分别从总量与结构效应双重视角实证考察了我国财政政策对产业结构调整的实际影响。结果发现，在总量效应方面，税收政策有利于产业结构调整；在结构效应方面，所得税与产业结构调整显著正相关，而商品税对产业结构调整的影响虽然为负，但并不显著。

近年来，碳税的开征与设计引起了学者们的极大关注，碳税开征所具有的相关效应构成研究的重要内容。在推动产业结构调整方面，袁建国等（2013）基于产业结构调整视角研究中国碳税制度设计。研究认为，碳税的设计不仅对减缓二氧化碳排放增长速度有积极作用，而且能够推动产业结构调整，使中国产业结构符合全球产业结构调整趋势。管治华（2012）采用分省与分行业数据，发现征收碳税对大多数行业的发展起推动作用，却不利于少数行业的发展，总体而言，碳税开征有利于产业结构优化。

在财政支出政策方面，通过影响消费需求总量及其结构，财政支出对产业结构具有重要影响。利希滕贝格（Lichtenberg，1987）研究了财政支出与产业结构优化的关系，认为扩大政府的财政支出规模能够有效扩大需求并改善需求结构，进而推动产业结构优化与调整。艾亚加里和克里斯蒂安（Aiyagari and Christian，1992）则以公共工程为例，认为公共工程投资能够显著增加新的消费支出，而新的消费支出增加了对新产业的需求，从而在客观上推动了新产业的发展。郭杰（2004）的实证分析结果表明，在推动中国产业结构优化升级的过程中，政府支出发挥着重要作用。而贾莎

（2012）基于转移支付视角研究却发现，转移支付对地区产业结构趋同具有显著的正效应，这说明中国转移支付制度在促进国内产业结构一体化方面没有发挥出应有的作用，对地方政府行为影响微弱。进一步地，储得银等（2013）分别从总量与结构效应双重视角实证考察中国财政政策对产业结构调整的实际影响。结果发现，在总量效应方面，财政支出政策阻滞产业结构升级；在结构效应方面，政府投资性支出和行政管理支出不利于产业结构调整，但教育支出和科技支出对产业结构调整存在正向促进作用。

3. 关于财政政策推动高新技术产业发展的研究

推动高新技术等战略性新兴产业发展是产业结构优化调整的重要内容与方向，而财政政策在推动高新技术产业发展方面扮演着重要角色。卡尼茨基和卡特林（Czarnitzki and Katrin，2004）的实证研究发现，财税优惠政策能够显著推动高新技术产业的发展；但也有学者发现，财税优惠政策对高新技术产业发展的影响并不明显，甚至为负（So，2006）。此外，还有学者指出，财税优惠政策对高新技术产业发展的影响是不确定的（Ekholm and Torstensson，1997）。

那么，中国的财政政策对高新技术产业发展影响如何呢？部分学者对此展开了理论与实证研究。张文春（2006）对税收政策促进高新技术产业的作用机理进行了分析。研究认为，税收政策能够通过税收支出手段鼓励研究与开发的投入，对科技成果转让收入的减免税制度鼓励其产业化，对科技人员收入的税收优惠鼓励劳动力培养，也可以通过减免税政策吸引人才的跨国流动。张同斌等（2012）通过构建高新技术产业的可计算一般均衡（CGE）模型，实证考察了财政激励政策与税收优惠政策对高新技术产业发展进而对产业结构调整的影响。研究结果显示，财政激励政策比税收优惠政策能够更加有效地促进高新技术产业的产出增长；财税政策的激励作用对于高新技术产业增加值率的提高和内部结构的优化都具有积极影响，且税收优惠政策的效果更为显著。

既有研究对财政政策促进产业结构升级的效果与对策进行了深入研究，也得到诸多富有意义的结论与启示。然而，也存在一些不足之处。首先，未能构建财政政策推动产业结构升级的理论框架。既有研究更多的是基于对中国现有政策不足的描述和分析，但未能构建出财政政策影响产业结构的完整理论框架。其次，未能将财政收支纳入一个分析框架，从而不能全面评估财政政策对产业结构优化调整的影响。既有研究或者基于税收视角，或者基于财政支出视角，分析财政政策对产业结构优化调整的影响，而财政收支正如一枚硬币的正反面，只有同时将财政收支纳入一个分析框架，才能对财政政策影响产业结构作出全面、客观的评价。

2.2.2　财政支持产业生态化

大力发展环保产业、绿色产业不仅是产业升级的内在要求，也是培育新的经济增长点的重要举措。绿色经济的发展走向决定着绿色财政的发展方向，而绿色财政又将反作用于绿色经济的发展。为推动绿色产业的健康发展，作为政府主要政策工具的财政政策应当有所作为。既有关于财政政策促进绿色产业发展的相关研究大体可以分为以下两部分内容。

1. 关于绿色财政基本内涵、构成要素与主要特征的研究

界定内涵是研究的基础与起点，学者们就绿色财政的基本内涵、构成要素与主要特征进行了广泛探讨（韩文博，2006；曾纪发，2011；刘西明，2013）。他们研究认为，从内涵上来看，绿色财政是指以国家为主体的，建立在绿色经济之上的，通过绿色元素参与社会产品的分配和再分配以及由此形成的各种分配关系。狭义的绿色财政可以理解为财政面对稀缺的财政资源和需求的不断膨胀，努力提高自身运行质量，既维持现实需求又保证满足未来，从而实现公共产品和公共服务的高质量及永续提供。通俗地讲就是要建设无污染、有后劲、可持续的财政。而广义上的绿色财政包括绿色财政收入（绿色税收）、绿色财政支出（包括绿色补贴）、绿色转移支付、绿色政府采购和绿色财政管理等。

绿色财政与绿色经济是紧密相连的，有什么样的经济形态就有什么样的财政形态，经济形态决定着财政形态；绿色财政又是以国家为主体的分配活动，既包括绿色生产要素的分配，也包括个人绿色收入的分配；绿色财政还包含着环保、健康、安全、文明等可持续发展内涵，具有一种前瞻性、创新性、时代性、战略性的内在要求和发展规律。从本质上讲，绿色财政是一种可持续的财政，它蕴含着巨大的发展潜力（韩文博，2006；

刘西明, 2013)。

2. 关于财政政策支持产业生态化的必要性、效果与对策思路的研究

绿色发展具有明显的政策倾向性, 因此, 绿色产业需要国家财政的大力支持, 针对绿色产业发展的财政政策取向就成为学者们研究的重点内容。学者们就财政支持绿色产业的必要性、政策效果与对策思路等展开了研究。

在必要性方面, 学者们均认为, 财政支持产业生态化不仅是重要的, 而且是迫切与必要的 (夏杰长、赵学为, 1999; 严立冬, 2003; 朱延松, 2009)。他们研究认为, 财政支持绿色产业发展的必要性大体包括三个方面: (1) 财政支持绿色产业发展是贯彻落实国家发展战略性新兴产业发展的必然选择; (2) 建立健全促进绿色产业健康可持续发展的财政资金政策, 是确保绿色产业成为引领绿色经济的重点支柱产业的关键; (3) 财政支持绿色产业是优化产业结构的必然选择, 因为只有国家通过财政直接投入, 强化产业发展的薄弱环节, 优化资源配置, 调节创新主体、个体收益和社会收益之间的差异, 调动产业主体的积极性, 培育和扩大相关联的产业市场, 才能不断推动环保产业结构的演化和发展。

在政策效果评估方面, 大麻日等 (Beuuséjour et al. , 1995) 采用可计算的一般均衡模型 (computable general equilibrium, CGE) 对征收能源税与二氧化碳减排效果和经济增长之间的关系展开研究。研究发现, 能源税显著降低碳排放。德雷兹纳 (Drezner, 1999) 对一些已经实施能源和环境政策国家的管制性和激励性财政政策措施进行了评价和分析, 认为这些财政措施在实现绿色发展方面发挥着积极作用。岛田等 (Shimada et al. , 2007) 以日本石岗为研究对象, 认为激励性的财政措施有力地促进了碳排放的减少。类似的, 威斯马和德尔林克 (Wissema and Dellink, 2007) 在对爱尔兰的研究中发现, 对每吨二氧化碳征收 15 欧元的税收可以实现相对于基年 (1998 年) 排放总量 25.8% 的减排目标, 同时虽然导致社会福利下降, 但下降比例很小。他们还发现, 征收环境税会对能源消费结构产生较大影响, 使低碳能源的消费增加。姚昕等 (2010) 从微观主体出发, 充分考虑中国经济增长阶段性特征, 并通过求解在增长约束下基于福利最大化的动态最优碳税模型, 发现开征碳税有利于减少碳排放, 提高能源效率。梁伟等（2014）利用 GAMS 软件构建了一个包含 24 个部门的 CGE 模型，研究了环境税不同的征税环节和税率对区域节能减排效果及经济的影响。研究发现，在两种征税方式和模拟的三档税率下，征收环境税对能源消费结构具有一定的优化作用；此外，消费性环境税比生产性环境税的节能减排效果要好，但生产性环境税带来的税收收入要大于消费性环境税。

在对策思路方面，赵书新等（2009）研究认为，目前中国财政政策在环保、绿色产业规划中遇到的核心问题来自政府与环保企业之间的信息不对称，这导致了政策的低效，也是环保企业策略性歪曲生产能力和生产成本的重要原因。因此，财政政策应取信于企业，使企业充分认识到政策的长期性与坚定性，从而使企业意识到努力增加环保产品产出才是实现自身利润最大化的必然。胡浩（2012）对促进环首都经济圈绿色产业发展的公共政策进行了分析，认为应当进一步加大财政支持绿色产业的投资力度，通过绿色购买等方式，优化财政支出结构，完善资源税、增值税等税收政策，着力解决环首都经济圈绿色产业所面临的问题。顾瑞兰（2013）则以新能源汽车产业为例，根据新能源汽车的产业初期特点及其发展规划，认为财税政策的着力点应主要集中在三大领域：一是对关键技术和零部件研发领域提供财政支持；二是加大市场推广领域的政策扶持力度；三是根据新能源与节能减排的需要，进行制度设计和管理机制创新。

通过对既有文献的梳理，不难看出，国内学者对财政支持产业生态化的必要性及其基本思路进行了大量研究，对我国绿色财政的建设具有重要参考意义。然而，既有研究还存在进一步拓展的空间。首先，对绿色财政的理论研究不够深入，缺乏财政支持影响产业生态化的作用机制研究。既有研究更多的是现状描述与必要性讨论，对相关作用机理缺乏深入分析。其次，对策思路缺乏实证基础。既有研究主要采用的是规范分析，缺乏数据支撑，因此，对财政支持产业生态化展开实证剖析是值得进一步研究的方向。

2.2.3 财政支持技术创新

技术创新是推动生态文明建设的基本动力，在实现绿色发展中具有引领作用。因此，应当加强重大科学技术问题研究，开展能源节约、资源循环利用、新能源开发、污染治理、生态修复等领域关键技术攻关。由于科技创新活动具有正的外部性，创新者无法获得所有收益，科技创新往往存在供给不足的情况，这就需要政府对该领域进行财政支持。现有研究主要从理论与实证两个视角展开分析：

1. 关于财政支持技术创新的理论研究

财政支持技术创新的理论依据与作用机理是学者们关注的重要内容之一。关于政府干预技术创新合理性问题，阿罗（Arrow，1962）与纳尔逊（Nelson，1959）最早应用了市场失灵理论。他们认为，由于技术创新具有收益的非独占性、过程的不可分割和不确定性等特点，使得资源不能在单纯依靠市场力量的情况下达到最优配置。财政能够实现外部效应内部化和降低风险，增加科技公共产品供给，因此，财政是推动科技发展的重要动力（邓子基、方东霖，2008）。科恩（Cohen，1994）研究指出，在解决研发风险问题时，非常有效的方式当属政府补贴。利用税收补贴制度不仅有利于实施政府采购制度，而且能够惠及相关研发活动，从而能够提高企业进行研发的积极性（Stoneman，1991）。特别是对于基础研究而言，由于它的长期性和风险性，使用公司的资本金或当期利润投入基础研究容易形成机会成本。因此，公司投资基础研究的热情小，政府就要干预，通过科技政策加以引导，构建调动全社会科技投入的良性机制（Bellais，2004）。吴（Wu，2005）研究认为，私人企业如果能够获得政府税收优惠政策，将会激发出对研发活动的投资热情。同时，政府对大学的研发经费投入会带动私人企业投资研发活动。帕拉齐（Palazzi，2011）对税收对知识和无形资产创造的作用、税收对绿色经济的作用、税收在商业创新和风险承担中的作用、税收对高技能员工和教育培训的作用等方面进行了全面分析，从理论上探讨了税收对科技创新的作用机理。

国内学者也就财政政策，特别是税收政策如何推动科技创新进行了深入分析。曾国祥（2001）在借鉴主要发达国家经验的基础上研究认为，中国的科技税收优惠政策应当从高新技术产品和成果税收优惠为主，转向重点鼓励企业加大科技创新的研究与开发投入为主，此外，税收优惠方式应当实行税基减免、税额减免、税率优惠相结合，以税基减免优惠为主。

张文春（2006）对税收政策促进高新技术产业的作用机理进行了分析。研究认为，税收政策能够通过税收支出手段鼓励研究与开发投入，对科技成果转让收入的减免税制度鼓励其产业化，对科技人员收入的税收优惠鼓励劳动力培养和使用的科技取向，也可以通过减免税政策吸引人才的跨国流动。范宝学（2006）与方重等（2009）分析了现行促进科技创新产品税收优惠政策中存在的问题。研究指出，中国税收政策应从增强自主创新能力的战略出发，建立以增值税和所得税为主体的优惠税种类，以研发环节税收激励为重点，直接优惠和间接优惠并用，全方位的科技税收优惠政策体系。贾康（2011）基于自主创新理论，将创新划分为基础研究、技术开发、技术产业化三个阶段，具体分析了各阶段现行税收政策及存在问题，研究归纳了完善相关财税政策的原则，从目标、范围、方式、税种、配套制度等方面给出了详细的完善措施。特别是提出应根据科技创新活动特点及创新环节设计税收激励的观点，并从提升能力和增强动力两方面总结了具体的政策建议，这对于专利税收政策的设计有着重要参考价值。

2. 关于财政支持技术创新的实证研究

学者们对财政支持对技术创新所产生的影响效果与程度展开了实证研究。乔根森和弗劳门尼（Jorgenson and Fraumeni，1981）研究了税负与技术进步增长率之间的关系，指出税负高低与技术进步增长呈负相关关系，即低税负将激励技术进步，高税负阻碍技术进步。李惠娟等（2008）运用协整检验及误差修正模型对中国 1990~2005 年的地方财政科技投入与科技创新的关系进行了实证分析，发现地方财政科技投入与科技创新之间呈现出长期稳定的特征，前者对后者具有推动作用。类似地，匡小平等（2008）研究发现，在影响企业自主创新能力的诸多外部影响因素中，税收具有显著作用，而在税收之中，企业自主创新活动对所得税的反应较为敏感。有学者通过构建一个专利竞赛模型研究税收对专利研发投资的影响（Waegenaere and Sansing，2012），研究结果显示，当生产发生在国内时，较高的国内税率将降低专利研发投资水平；而生产发生在国外时，较高的国内税率将提升专利研发投资水平。

众多研究集中于分析减税等税收优惠政策对技术创新所产生的影响效果。李丽青（2006）对 103 家样本企业进行了问卷调查统计分析，发现现行的研究与开发（research and development R&D）税收优惠政策对企业R&D投入具有正向影响。以中关村科技园区为研究对象，蒋建军等（2007）研究发现，税收激励政策促进企业增加R&D投入的效应是显著的。黄辉煌（2007）选取福建省数据，研究了高新技术产业内部R&D投入与减免税政策间的相关性。结果表明，福建省高新技术产业内部R&D投入强度对减免税政策呈现高度敏感性。张同斌等（2012）通过构建高新技术产业的可计算一般均衡模型，考察了财政激励政策与税收优惠政策对高新技术产业发展的影响。研究结果显示，财政激励政策比税收优惠政策能够更加有效地促进高新技术产业的产出增长。恩斯特等（Ernst et al.，2014）在考虑纳税筹划的影响下采用公司层面的数据研究了税收对欧洲企业专利申请的影响，结论是研发税收激励对研发投资趋势有重要影响，而税负对研发投资规模和专利申请有重要影响。政府对企业层面的研发支出补贴，这种具有针对性的公共补贴激发了企业的研发支出，尤其是涉及国际合作的中小企业，私人融资和补贴诱发的投资作为研发资金来源的两种不同方式，对研发产出的影响也存在差异；补贴诱发的投资在创新产品的市场转化上更有成效（Hottenrott and Lopes-Bento，2014）。胡辛格（Hussinger，2008）也就公共研发经费对企业投资的影响问题进行了研究，使用企业截面数据，利用参数和半参数选择模型进行实证检验，结果表明，公共资金增加了企业的研发产出。

既有文献对财政政策与技术创新进行了较为全面的理论与实证研究，但国内相关研究尚且存在两点不足之外。第一，财政支出政策如何影响技术创新缺乏深入研究。现有研究主要分析了税收优惠政策对技术创新的影响，而对财政支出如何影响技术创新缺乏深入分析。第二，未能对财政政策影响技术创新的渠道机制展开分析。财政政策对技术创新的影响是直接的还是间接的？对于这一问题的回答，需要展开渠道机制分析，但既有研究尚未涉及。

2.3 文献评述

通过文献梳理，发现国内外学者已对财政支持产业发展的效应展开了一定的理论及实证研究，为本书展开进一步研究打下了坚实基础。与此同时，笔者也发现已有研究仍存在众多亟须深化、改进以及完善之处，可归纳为以下四个方面。（1）现有研究对产业升级内涵的认识较为片面，表现为：较为普遍地认为产业升级就是产业结构的优化和调整，尽管也有文献关注了产业生态化和产业的技术创新问题，但并未将三者纳入同一个内涵分析框架，甚至在产业升级、产业转型、产业结构升级等概念上存在混淆现象。（2）鲜有学者就财政支持产业升级的作用机理和实现路径进行了详细清晰地描述，易导致财政政策实施的有效性不足，难以真正实现产业升级。（3）财政支持产业升级的效应研究多局限于经济效应，对政策效果的空间溢出效应、财政结构效应以及生态效应的研究十分欠缺。（4）现有研究多建立在地区间的政府行为是相互独立的假设之上，采用传统的计量回归模型来考察变量之间的关系，而忽视空间因素的影响。但产业在地理空间上的集聚是工业化进程中的一个显著特征（陶长琪，2017），同时产业的集聚往往也伴随着财政资金的集聚（郭庆宾、张中华，2017）。由于地区之间的竞争和模仿，使得相邻地区之间不再是相互独立的经济个体，不同地区的财政支出水平也会对邻近地区的产业生态化水平带来不同程度的影响，而产生空间溢出效应（雷明、虞晓雯，2013）。但鲜有学者关注到财政政策作用产业升级的空间效应，仅有的空间溢出效应的相关研究，却忽视了中国经济发展区域异质性和财政支出的结构性特征。

立足于现有研究的局限性，接下来，本书就财政支持产业升级的理论和实证研究缺陷展开进一步探索和创新。（1）通过对国内外产业升级主题相关文献的梳理、归纳与总结，本书尝试构建一个包含产业结构升级、产业生态化及技术创新三位一体的产业升级内涵分析框架。（2）在新的内涵分析框架基础上，分别从产业结构升级、产业生态化及技术创新三个方面就财政作用产业升级的效应展开研究。（3）考虑到中国产业发展的区域异质性、财政政策的结构性特征，以及财政政策所具有的空间溢出效应，本书重点考察了地方财政支出总量和支出结构作用产业升级所形成的空间效应及其形成机理，并以政府竞争理论为支撑，对空间效应的形成机理进行了描述，通过进一步借助空间计量实证检验空间效应的存在性，以及对产生的经济后果进行解释，最后提出具有针对性的政策建议。

第3章

地方财政支出对产业结构升级的
空间效应

3.1 引言

在产业结构上，人类经济的发展是一个主导产业依次从第一产业逐步向第二产业，并最终向第三产业转变的过程（Kuznets, 1955; Chenery, 1960）。如图3－1所示，1978～1984年中国三次产业结构处于"二一三"时期；1985年第三产业占比为29.35%，超越第一产业的27.93%，一直到2011年，经历了长达27年的"二三一"型产业结构时期。2012年，第三产业占比（45.31%）首次超越第二产业占比（45.27%），中国产业结构开始步入"三二一"时代。不难发现，在1978～2016年的近四十年时间里，中国三次产业结构经历了"二一三""二三一""三二一"的依次演进，这一过程的主要特征表现为第三产业比重的不断提升。

尽管中国产业结构演进趋势符合产业发展规律，但产业发展形势依旧严峻，主要表现在：第一产业大而不强，内部结构升级缓慢；第二产业总量扩张，但增长质量有待提升；第三产业发展滞后，同发达国家差距较大。此外，产能过剩、地区产业结构趋同等问题同样制约了产业结构升级。产业结构升级是优化资源配置、提升创新能力、培育新的经济增长动力源的重要途径。党的十九大报告指出，我国经济已由高速增长阶段转向高质量发展阶段，正处在转变发展方式、优化经济结构、转换

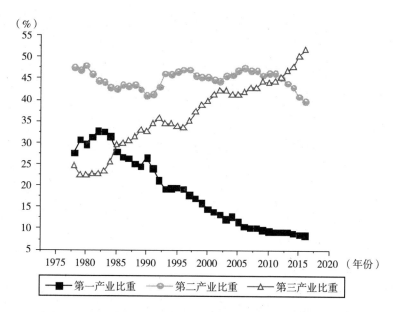

（%）

图 3 - 1　1978～2016 年中国三次产业结构演进
资料来源：历年《中国统计年鉴》。

增长动力的攻关期，建设现代化经济体系是跨越关口的迫切要求和我国发展的战略目标，必须坚持质量第一、效益优先，以供给侧结构性改革为主线，推动经济发展质量变革、效率变革、动力变革。由此可见，如何通过优化产业结构，实现经济高质量增长是中国接下来亟待解决的一个关键问题。

产业结构升级的实质就是资源的优化配置问题（贾敬全、殷李松，2015），强调市场力量和政府力量的结合，两者的偏离度越小，所形成的合力越大，产业结构调整的效果就越明显（蔡建明，2006）。市场力量在产业结构演进过程中的作用已得到众多学者的认可（徐朝阳、林毅夫，2011；江飞涛等，2014；徐朝阳、周念利，2015），而政府对产业结构的影响常借助财政政策干预得以实现。财政政策具有直接、快速、易操作等特点，对经济波动具有"熨平效应"。2008 年金融危机时期，经济结构问题突出，国内提出将调结构和转方式紧密结合，并有学者指出财政政策是经济结构调整的关键（赵楠、高娜，2014）。此外，产业结构调整的非完全市场性表现为一定的外部性和非完全竞争性，政府的介入就显得尤为重要。中国产业发展一贯具有较强的行政色彩，公共财政依旧是弥补产业结构调整过程中市场失灵的有效手段。蔡昉（2011）认为，每一个经济发展阶段向下一阶段的转变都是一次跨越，应把握政府行为与产业结构升级的内在联系，适时转换经济增长动力机制。理论与实践证明，在优化产业结构的过程中财政政策发挥了重要作用。

财政政策体现了国家产业结构升级的导向。对支出政策效果的考察应兼顾总量和结构两个方面。已有研究大体可归纳为"促进论"和"抑制论"两种观点。

（1）促进论。第一，财政支出总量方面。国外众多学者主张通过调整财政支出规模来促进产业结构升级（Hinloopen，2006；Spence，2007；Lichtenberg，2008）。而在国内，国建业、唐龙生（2001）从理论上确定了财政支出在促进产业结构调整方面的有效性；此外，郭小东等（2009）、于力和胡燕京（2011）、黄干和马成（2012）、刘洪涛等（2009）、张斌（2011）的实证研究支撑了此结论。第二，财政支出结构方面。生产性支出在最优经济状态下有利于经济增长，一系列经典性文献对此提供了充分的实证支撑（Barro，1990；Devarajan et al.，1996），而政府消费性支出的效果还不明确。另外，汉伯格（Hamberg，2007）、费尔德曼（Feldman，2009）的研究发现科技研发支出能有效促进产业结构升级。而国内从支出结构角度的研究较为欠缺，仅有的诸如董万好和刘兰娟（2012）、储德银和建克成（2014），但研究结论不一。

（2）抑制论。政府干预会对产业结构优化产生负面效应（安苑、王珺，2012；褚敏、靳涛，2013），易引发官员"晋升锦标赛"和地方保护主义（周黎安，2007），导致地区产业结构趋同。地方政府过度追求 GDP，热衷于发展制造业，扩大地方财力，提升地方政绩，而第三产业天然的劳动力吸纳能力以及对工业的反哺能力往往被忽视，这种短视行为不利于产业结构升级。储德银和建克成（2014）实证检验了上述观点，发现支出总量阻碍了产业结构升级；在支出结构上，政府投资性支出和行政管理支出也都不利于产业结构调整。可能的原因在于财政收入增长滞缓，支出规模过小，结构不合理削弱了财政政策对产业结构的作用（李新，2006；林亚楠，2010）。

可见，财政支出政策对产业结构的影响有正、负效应之分。但现有研究大多从三次产业结构的角度检验财政支出政策的效果，而一国产业发展的决定性因素还在于要素的原始积累（林毅夫，2002）。产业结构升级的过程伴随着生产要素在产业间的流动转换（Clark，1940），推动着产业结构迈向高级化。但较为遗憾的是，关于财政支出对要素禀赋结构升级的文献较为欠缺，仅有的诸如王检等（2016）的实证研究发现，财政支出效率对产业结构具有积极作用，且主要是通过资本和劳动要素的积累引发产业结构变动。郭小东等（2009）从要素禀赋积累的角度检验了 20 个国家的财政支出规模对三次产业的影响。2013 年发布的《中共中央关于全面深化改革若干重大问题的决定》（以下简称《决定》）指出，"要促进国内要素有序自由流动、资源高效配置、市场深度融合"。《决定》突出了依靠要素结构优化的改革路径。据此，本章认为，如何运用财政手段引导生产要素在产业间的流动，实现生产要素的优化配置，助推产业结构资本密集化、技术密集化才是理解产业结构升级的关键。综上所述，目前对产业结构升级的认识主要从三次产业结构和要素禀赋结构出发。

尽管众多学者就财政支出的本地直接效应进行了检验，但是由于资源要素跨区域流动性的存在，财政支出政策在空间上的依赖性日益紧密，财政支出竞争的跨区域溢出效应受到越来越多的重视（付文林，2011；殷德生等，2014；雷艳红、王宝恒，2014）。郭庆旺和贾俊雪（2009）就指出，财政竞争机制引发了地方政府在支出策略上的空间互动，地方政府间策略性的财政支出竞争行为和要素流动是财政支出阐述经济外溢效应的实现渠道（柴江艺，2016），并且这种溢出效应会随着地区间在经济发展水平、地理空间距离等方面的差距而存在较大差异。究其原因，主要在于财政分权改革赋予了地方政府大量政治和经济资源。

随着空间计量经济学的发展，地方政府在财政支出上的空间策略互动可以通过空间计量模型进行检验。国外对此类政府间的策略互动研究已取得较为丰富的成果，拜克尔（Baicker，2005）和德斯金斯等（Deskins et al.，2010）对美国的地方财政支出总量和结构同经济增长的关系进行了检验，发现州财政支出对邻近州的经济增长具有空间溢出效应。国内也有研究发现，省级地方政府间在财政支出总量以及科教、政府投资性等结构性支出方面均存在显著的空间策略互动现象（卢洪友、龚锋，2007；郭庆旺、贾俊雪，2009；李涛、周业安，2009）。

也有学者从要素流动视角对产业结构调整的空间效应进行了解释。邵文武等（2017）从要素流动的视角对产业结构的演化进行了研究，通过对要素流动驱动产业集聚的路径进行分析后发现，在流动过程中，各要素的相互作用和动态耦合直接导致了产业结构的调整。郝宏杰（2017）发现财政支出不仅会影响本地产业的发展，而且还会通过支出政策的空间外溢对邻近地区的产业产生影响，溢出效应产生的主要原因在于，生产要素的流动进一步强化了各地区产业的竞争性和关联性。

可见，财政支出竞争对产业结构升级除了具有本地效应，还会给邻近其他地区的产业结构调整产生空间溢出效应。

3.2 传导机制分析：两条传导路径

财政支出政策影响着产业结构升级的方向、力度和效率，是产业政策的重要组成部分，其作用机制亟待进一步地梳理。产业结构升级的核心在于如何使社会总资源要素在产业间得到合理配置和有效利用（郭晔、赖章福，2010），财政支出政策通过各类支出工具，有效渗透于产业发展的全过程，成为产业结构升级的实现机制。其作用过程可以简单地描述成：财政支出→影响产业需求结构、要素禀赋结构→影响企业投资、决策行为→影响产业结构升级，可分别从支出总量和支出结构两个方面予以考察，财政支出推动产业结构升级主要有两条传导路径（见图3-2）。

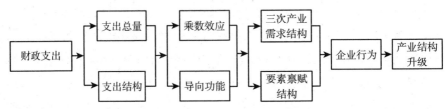

图3-2 财政支出作用产业结构升级的传导路径

3.2.1　三次产业结构升级

直接作用于三次产业的需求结构。通过改变三次产业的需求结构，影响不同产业资金的供给与需求，实现对企业投资行为和生产决策的影响。具体表现为：有效带动产业间基于投入产出关系的"前—后向关联"产业链的联动发展，产生前瞻效应和后顾效应（赵文哲、周业安，2009）。以高新技术产业为例，高新技术产业的技术创新效应，极大地带动了其前向关联产业的效率和规模的提升；同时，主导产业理论认为，主导产业对其后向关联产业的生产效率和就业也能产生积极影响。由此可见，需求结构的改变影响了总供给，乘数效应和导向功能通过高度关联产业间的相互作用得到进一步放大，并最终引发了三次产业结构变动。

3.2.2　要素禀赋结构升级

通过调节要素结构及其流向，引导企业致力于提高自身生产要素的质量、流动速度和转换效率，以优化其要素投入结构。总量的增加直接作用于劳动力要素的供给、资本和技术要素的规模与投向，带动生产要素在部门间的自由流动和合理配置，促使生产要素在不同产业部门间的积累和重新分配，引发要素结构优化，并最终影响产业结构间的相互更替和变迁，为产业结构升级提供动力。

其影响机制可以进一步从要素结构视角，透过对资本和技术要素流动分析予以阐明。（1）通过改变各区域的资本投入规模、方向以及资本存量的重新组合，进而影响产业结构调整的方向、速度以及效率。生产性资本与高水平的人力资本同基础设施建设相结合，将呈现出更高的生产能力（Barro，1990）。生产性投资通过影响资本跨区域流动，以进入厂商生产函数的方式对经济增长产生重要影响。（2）财政支出通过影响知识、信息以及技术要素在区域间的流动，从而间接对区域产业结构变动产生影响。为加快引导关键要素的流入，地方政府在投资和生产建设领域展开支出竞争。知识、信息、技术的传播和扩散速度是与其相关的基础设施完善程度密切相关的，地方政府通过搭建各种信息交流、研发合作和知识共享平台，为要素的快速流动创造有利条件。然而，由于中国各区域间的产业结构存在较大差距，也就直接决定了各区域在提供支撑信息、技术要素快速流动的能力上的非均衡，这势必又会进一步扩大各区域的产业结构差距。

此外，从政府和企业之间的博弈关系看，财政支出对产业结构升级的作用机制本质上是一个"发出信号→信号传递→信号接收→信号反馈"的过程（储德银、建克成，2014）。首先，政府依据产业政策目标，发出产业结构升级信号，引导要素结构变动，继而将变动信号传递至企业；其次，企业接收信号后，调整自身的要素投入结构，优化投资和决策行为，以匹配政府产业政策导向；最后，政府确认企业行为是否符合政策要求，并决定是否借助财政政策工具向企业主体兑现承诺。

3.2.3 两条传导路径的比较

通过对以上传导路径的分析，我们对财政支出通过作用要素禀赋结构实现产业结构升级的认识得到了进一步深化。总的来说，产业结构是指各种构成要素之间量的比例以及质的联系所构成的一个有机的整体（刘铭达，2000），是资源配置的结果。进一步讲，产业结构就是社会资源的组合状态，不同的资源配置组合状态形成了不同的产业结构。索洛（Solow，1956）开创性地提出资本、技术等资源要素在部门间的流动是经济增长的动力，且主要是通过生产要素从低生产率部门向高生产率部门的转移得以实现。巴罗（Barro，1990）也曾指出，产业结构升级的潜在推力主要来源于资本、劳动以及技术要素。还有诸如陈其林（2000）、徐朝阳和林毅夫（2011）等也一致认为，经济结构内生于要素禀赋结构，产业结构升级其实质在于要素禀赋结构的升级，任意时点上劳动、资本和技术等要素的丰裕程度内生决定了经济体的产业结构类型。所以，中国产业结构升级的方向应定位于：在协调三次产业比例失衡的同时，着力推进要素禀赋结构升级，实现初级要素密集型产业向高级要素密集型产业的转变。据此，本书认为，就财政支出对产业结构升级效应的考察，应进一步地从要素禀赋结构升级的视角展开。

3.3 空间效应的研究方法

3.3.1 新经济地理学

公共政策效果具有天然的效应空间外部溢出特征，致使对政策效应的准确评估面临巨大困难。然而，新经济地理学的出现，使对外溢效应的准确评估成为可能。新经济地理学认为，生产要素自由流动的动力主要源于生产要素收益在地域上的差异，从空间视角对产业发展所表现出的集聚和分散特征提供了新的解释。

新经济地理学常被用来分析产业发展的空间特征及其影响因素（梁琦，2003；金煜等，2006；江曼琦等，2008）。在政府竞争背景下，以下两方面因素值得关注。一是财政分权后展开的政府竞争被认为是影响产业空间布局的重要原因。地方政府为增长而展开的竞争主要表现在基础设施建设和引资上的竞争，这些竞争行为影响着产业的布局变化。二是政府行为的空间相关性。在新经济地理学的推动下，深化了对现象属性的空间依赖性的认识，但借助新经济地理学对区域间产业分布形态差异的研究仍显不足。

3.3.2 空间计量经济学

1988年鲁克·安塞林（Luc Anselin）出版了里程碑式的学术著作《空间计量经济学：方法与模型》。自此之后，空间计量经济学的理论发展和实证分析应用如雨后春笋一般涌现。近年来，空间计量经济学在国内学术界的应用也日益广泛，在很多学术领域中都可以见到空间计量模型的应用，已成为定量分析空间数据的一把利器。空间计量经济学涉及统计学、计量经济学、经济学、地理学、地理信息系统，甚至计算机编程等多种学科。因此，空间计量经济学成为交叉学科中的范例。然而，正是由于涉及的学科门类较多，学习门槛较高，所以或多或少地阻碍了空间计量经济学在国内学术界的进一步普及和实证应用。空间计量经济学（Spatial Econometrics）是佩林克（Paelinck）于 1974 年在蒂尔堡荷兰统计学协会年会上首次公开提出的术语。5 年之后，佩林克和克拉森（Paelinck and Klaassen）出版了一本很薄的小册子，书名为《空间计量经济学》（Spatial Econometrics）。由于这是第一本公开出版的有关空间计量经济学的学术著作，所以安塞林（2010）将 1979 年定为空间计量经济学发展的元年。

空间计量具有精确刻画、捕捉政府间竞争现象的优势，被认为是专门运用于分析空间区域经济规律的有效工具。国内学者借助空间计量方法对政府竞争行为的研究多聚焦于政府财政支出竞争。李涛和周业安（2009）发现省际财政支出在总量和结构上均存在空间上的策略互动。李永友和沈坤荣（2008）的研究则认为财政结构性支出在地方不同发展阶段呈现出不同的策略互动关系。研究结论之所以呈现出较大差异，可能也与地方财政支出的区域性差异有关。再如，王丽娟（2011）的研究显示，由于地区间经济发展程度的差异，各地的财政支出竞争也存在显著的异质性。可见，尽管国内对财政竞争的关注时间不长，但越来越多的研究采用空间计量方法，并向财政结构性支出竞争、竞争的区域异质性等方向推进，开启了财政竞争效应研究的全新视角。因此，从国内外研究形势看，空间计量正逐步成为研究政府竞争空间溢出效应的主流方法。

3.3.3 空间自相关检验

1. 全局莫兰指数

全局莫兰指数常用于考察变量的空间自相关性，可测算出属性的空间集聚程度。计算公式（曾永明，2014）见式（3.1），其中：φ_i 为 i 县（市、区）的属性值，$\bar{\varphi}$ 是所有属性值的均值，θ_{ij} 为空间权重矩阵，s^2 为 φ 的方差值。全域莫兰指数的变化范围为 [-1, 1]，其中，指数在 (0, 1] 范围表示变量空间正相关，越接近 1，正相关越强，即邻接空间区域之间具有很强的相关性；相反，在 (-1, 0] 范围表示变量空间负相关，越接近 -1，负相关越强，即邻接空间区域具有很强的异质性；接近于 0 则表示邻接空间区域不相关，呈随机分布状态。在计算出莫兰指数值后，常用标准化统计量 Z 值来检验空间自相关的显著性水平。

$$I = \frac{\sum\limits_{i}^{n}\sum\limits_{j\neq i}^{n}\theta_{ij}(\phi_i - \bar\phi)(\phi_j - \bar\phi)}{s^2\sum\limits_{i}^{n}\sum\limits_{j\neq i}^{n}\theta_{ij}} \tag{3.1}$$

2. 局域空间相关性 LISA 分析

LISA 分析可确定属性在局域自相关所反映具体的集聚区域（谭远发、曾永明，2014）。式（3.2）中，$X_i = (\phi_i - \bar\phi)/s$ 为 ϕ_i 的标准化值，X_j 为与 i 县邻接 j 县的属性标准化值，θ'_{ij} 为归一化的权重矩阵。"高—高"表示 i 地区与邻接 j 地区的某属性都较高，"低—低"表示 i 地区与邻接 j 地区的某属性都较低，位于这两个象限的某属性具有空间同质性；"高—低"表示 i 地区某属性较高，而其邻接 j 地区的某属性相反都较低，"低—高"表示 i 地区某属性较低，而其邻接 j 地区的某属性相反，都较高，位于这两个象限的某属性具有空间异质性。通过 LISA 绘制出 Z 检验显著性 $P < 0.05$ 的集聚图，可以进一步准确地确定某属性集聚特征的显著性。

$$\begin{cases} X_i > 0, \sum\theta'_{ij}X_j > 0, 第一象限，高—高集聚(H\text{-}H) \\ X_i < 0, \sum\theta'_{ij}X_j > 0, 第二象限，低—高集聚(L\text{-}H) \\ X_i < 0, \sum\theta'_{ij}X_j < 0, 第三象限，低—低集聚(L\text{-}L) \\ X_i > 0, \sum\theta'_{ij}X_j < 0, 第四象限，高—低集聚(H\text{-}L) \end{cases} \tag{3.2}$$

3.3.4 空间计量模型形式

在 GeoDa 软件里，能够直接进行回归估计的只有三种计量模型，即普通最小二乘模型（classic）、空间滞后模型（spatial lag model）和空间误差模型（spatial error model）。通过在 GeoDa 软件中生成自变量的空间滞后项，还可以估计另外三种模型，即自变量空间滞后模型（spatial lag model）、空间杜宾模型（spatial durbin model）和空间杜宾误差模型（spatial durbin error model）。

在进行空间计量经济学模型回归估计之前，需要简要地介绍上述六种模型。

1. 普通最小二乘模型

按照从简单到复杂的规律，首先介绍普通最小二乘模型：

$$y = X\beta + \epsilon \qquad (3.3)$$

式（3.3）中，y 表示 $n \times 1$ 的因变量；β 表示 $k \times 1$ 待估计的自变量系数；X 表示 $n \times k$ 的自变量；ϵ 为 $n \times 1$ 随机误差项。普通最小二乘模型是经典计量经济学中最基本的模型，由于不包含空间交互作用，因此不能称之为空间计量模型。

2. 空间滞后模型

实证分析中最为常见的空间滞后模型：

$$y = \rho Wy + X\beta + \epsilon \qquad (3.4)$$

式（3.4）中，y 表示 $n \times 1$ 的因变量；ρ 为待估计的空间自回归系数，也被称为空间自回归系数（spatial autoregressive coecient）；W 表示 $n \times n$ 的空间权重矩阵；X 表示 $n \times k$ 的自变量；β 表示 $k \times 1$ 待估计的自变量系数；ϵ 表示 $n \times 1$ 的随机误差项。

3. 空间误差模型

空间误差模型也是实证分析中常见的一种空间计量模型：

$$y = X\beta + \epsilon$$
$$\epsilon = \lambda\epsilon + \nu \qquad (3.5)$$

式（3.5）中，y 表示 $n \times 1$ 的因变量；X 表示 $n \times k$ 的自变量；β 表示 $k \times 1$ 待估计自变量系数；W 表示 $n \times n$ 的空间权重矩阵；λ 表示待估计的误差项的空间滞后项系数，也被称为空间自相关系数（spatial autocorrelation coecient）；ϵ 表示 $n \times 1$ 的误差项。从式（3.5）的第二个方程来看，ϵ 可以被两部分解释，第一部分 $\lambda\epsilon$ 为空间自相关误差项（spatially autocorrelated error term）。因此，空间误差模型的第二个方程可以解释为在没有包含于模型中的外生变量信息中存在着空间依赖性，简而言之，干扰项中存在空间依赖性。很显然，空间自相关误差项的空间依赖性也不能解释所有的误差项，因此需要引入一个称之为特质的成分 ν（idiosyncratic component）。实际上，ν 可以看作误差项的误差项。通过这两部分

来解释 ϵ。

4. 自变量空间滞后模型

空间滞后模型考虑的是因变量空间滞后项，空间误差模型考虑的是误差项之间的空间自相关性，那么模型中还有一个重要的要素，即外生变量，或者叫作自变量。同样道理，自变量也可能存在空间交互效应。如果空间计量模型中只包含自变量的空间滞后项，那么可以称之为自变量空间滞后模型：

$$y = X\beta_1 + WX\beta_2 + \epsilon \tag{3.6}$$

式（3.6）中，y 表示 $n \times 1$ 的因变量；X 表示 $n \times k$ 的自变量；β_1 表示 $k \times 1$ 待估计的自变量系数；β_2 表示 $k \times 1$ 待估计的自变量空间滞后项系数；W 表示 $n \times n$ 的空间权重矩阵；ϵ 表示 $n \times 1$ 的误差项。

5. 空间杜宾模型

空间滞后模型只包含因变量的空间交互效应，但是，自变量也可能存在空间交互效应，如果在空间滞后模型中考虑添加自变量空间滞后项，那么就产生了一种新的空间计量模型——空间杜宾模型：

$$y = \rho Wy + X\beta + WX\theta + \epsilon \tag{3.7}$$

式（3.7）中，y 表示 $n \times 1$ 的因变量；ρ 为待估计的空间自回归系数；W 表示 $n \times n$ 的空间权重矩阵；X 表示 $n \times k$ 的自变量；β 表示 $k \times 1$ 的待估计自变量系数；θ 表示 $k \times 1$ 的待估计自变量空间滞后项系数；ϵ 表示 $n \times 1$ 的误差项。

6. 空间杜宾误差模型

同样道理，空间误差模型也可以添加自变量空间滞后项，这就产生了另一种空间计量经济学模型——空间杜宾误差模型：

$$\begin{aligned} y &= X\beta + WX\theta + \epsilon \\ \epsilon &= \lambda\epsilon + \nu \end{aligned} \tag{3.8}$$

式（3.8）中，y 表示 $n \times 1$ 的因变量；X 表示 $n \times k$ 的自变量；β 表示 $k \times 1$ 待估计的自变量系数；W 表示 $n \times n$ 的空间权重矩阵；λ 表示待估计的误差项空间滞后项的系数，也被称为空间自相关系数（spatial autocorrelation coecient）；ϵ 表示 $n \times 1$ 的误差项；ν 称为特质的成分（idiosyncratic component）。

3.4 财政支出的总量效应与结构效应

财政支出在总量上具有政策力度大、乘数效应强等特点。既可以通过直接投资，也可以通过补贴等间接方式引导社会资本流向，优化资源配置结构，有效发挥其乘数效应和导向功能。

除了具有总量效应外，财政支出政策还具有结构效应。不同的支出分项对产业结构升级的作用机制存在较大的差异。内生增长理论认为，财政支出对经济增长的促进作用，一定程度上取决于支出本身是否具有提供生产过程中所需要素的生产性特征（吕志华，2012），且一般认为具有生产性特征的支出有：第一，教育支出，因其与人力资本积累相关，能为经济增长提供人力资本支撑；第二，科学技术支出，能改变资本边际产品递减趋势；第三，政府投资性支出，能够直接向资本转化。因此，需进一步阐述各支出分项对产业结构升级的作用机制。

3.4.1 教育支出

人力资本理论将教育支出视为人力资本投资（李普亮，2015），是提升人力资本的重要途径。教育支出同政府投资性支出有着共同的生产性属性，但相对于政府投资性支出突出的短期经济效应，前者主要以未来的发展和收益为投资目的，被视为一项长期战略性支出，效果具有滞后性特征。教育支出的产业结构升级效应取决于其对人力资本的影响程度以及高素质的劳动力在行业间能够自由流动的程度，有助于劳动力素质的提高与人力资本的积累。作用机制具体表现在两个方面。（1）教育支出直接作用于劳动力素质的提升，优化资源配置效率，以提升劳动生产率，推动产业结构高级化。劳动力受教育水平越高，就越倾向于选择高端的技术型和知识型岗位，从而促进劳动力要素由低端产业向高端产业的流动。（2）具有教育支出增加倾向性的财政支出结构能诱导不同产业之间发生要素积累的相互替代。教育支出对人力资本的提升，促使劳动力要素在社会再生产过程中形成积累，同时也会直接或间接地通过作用于各类生产要素，影响总供给，达到提升社会资源配置效率和协调产业结构均衡发展的目标。

3.4.2　科学技术支出

产业结构升级需要科学基础和技术支撑。科技创新在催生新兴产业的同时也为传统产业注入新技术，促使整个产业体系结构得到不断调整，推动着产业内部要素结构的高级化。与此同时，其对经济增长的核心推动作用也得到了新古典增长理论和内生经济增长模型的支撑（王华、龚珏，2013）。科学技术支出对产业结构升级的作用机制主要表现在两个方面。（1）研发效应。通过有效地带动科技创新，促进劳动、资本和技术等要素的合理流动和有效配置，直接作用于人力资本、技术进步等对经济增长具有决定性作用的内生变量（杨晓锋，2016），提升生产要素的边际生产率，成为政府推动产业科技创新的重要抓手。（2）激励效应。对支撑产业发展的关键技术、共性技术的创新具有显著的激励效应，是产业核心竞争力的重要影响因素。由此可见，科学技术支出是经济增长的内生源泉，也是推动科技创新的主要资金来源，直接关系到技术进步以及企业创新能力的提升，对推动产业结构升级发挥着关键性作用。

3.4.3　一般公共服务支出

以行政管理费为主要内容的一般公共服务支出作为非生产性支出，是一种对社会物质财富纯消耗的支出，不利于产业结构升级。其抑制功能主要通过以下路径得以实现：一般公共服务支出的快速增长，反映了政府规模的扩张和干预力度的增加，易引发地方政府开辟预算外增收途径，导致企业税费负担增加、利润被挤占、技术创新和研发资金投入能力不足等问题，从而无法形成以企业为主导的技术进步创新机制。

3.4.4 政府投资性支出

政府投资性支出对产业结构升级的传导机制主要体现在两个方面。(1) 产业集聚效应的形成。政府对基础设施和公共产品投资的增加降低了区域内生产者和消费者的交易成本，刺激了需求，吸引资本、信息等生产要素的流入，利于形成产业集聚效应。同时，政府投资性支出的增加，扩大了生产效应，刺激了三次产业就业。(2) 政府主导资金流向。在政府主导型经济发展模式下，产业结构具有显著的政府主导特征。政府投资性支出的乘数效应和对社会资本的引导功能对产业结构升级尤为重要，原因在于，资金的供给是产业结构升级过程中最为直接的因素（蔡建明，2006）。政府投资性支出的产业偏好会对产业结构产生直接影响，即通过制定产业发展规划，借助财政手段直接投入或间接引导社会资本影响产业结构。此外，政府投资的规模、重点与方向一定程度上决定了产业在发展水平和速度上的差异，成为产业结构升级的动力。

3.5 本地直接效应分析

3.5.1 数据说明、变量设置与模型设定

1. 数据说明

本书采用 2011～2015 年全国 31 个省份（不含港、澳、台地区）的面板数据展开实证研究，并以 2011 年为基期，经过价格指数换算，消除了价格因素的影响。全部数据均来源于各省份历年统计年鉴、《中国统计年鉴》、《中国财政年鉴》、《中国科技统计年鉴》、《中国环境统计年鉴》，以及 EPS、中经网数据库。

2. 变量的设置

（1）被解释变量。

第一，三次产业结构指数的测算。财政支出对产业结构升级的影响既

存在抑制论也存在促进论，很大程度上是由产业结构升级的量化方法差异导致的，所以对量化方法的选择至关重要。当前学界对产业结构升级这一概念并未形成统一认识，度量方法也各不相同。一种观点认为，产业结构升级主要表现为三次产业产值比重的变化，尤其是第三产业比重的不断提升，故应以第三产业比重加以衡量（鲁钏阳，2012；毛军、刘建民，2014；常远、吴鹏，2016）。另一种观点认为，可以选择就业指标和产出指标来考察产业结构升级（高培勇，2013）。本书认为，仅以三次产业的产值比重变化来理解产业结构升级，显然不够全面。

本书对全国31个省份三次产业结构指数的测算立足于汤婧和于立新（2012）、储德银和建克成（2014）构建的层次指标体系（见表3-1），该指标体系既兼顾了三次产业产值比重的变化，也考虑到产业结构升级所引发的三次产业就业、产出指标的变化。同时，从表3-1的指标体系权重赋值也可看出，第三产业的各项指标被赋予了更高权重，这也符合人类产业变迁的规律。

表3-1　　　　　　　　三次产业结构指标体系及指标权重

目标层	领域层	指标层
三次产业结构指数	三次产业变动情况（0.25）	第一产业增长率（0.25）
		第二产业增长率（0.35）
		第三产业增长率（0.4）
	三次产业劳动力分布结构（0.3）	第一产业就业人数占比（0.2）
		第二产业就业人数占比（0.3）
		第三产业就业人数占比（0.5）
	三次产业贡献率（0.45）	第一产业增加值占 GDP 的比重（0.2）
		第二产业增加值占 GDP 的比重（0.3）
		第三产业增加值占 GDP 的比重（0.5）

注：括号内的数字即为各级指标权重。

表3-2呈现的是2011~2015年中国31个省份三次产业结构指数的测算结果以及排序情况，排在前十名的省份以沿海发达地区为主。值得一提的是，西藏的产业结构指数排在全国前列，主要原因可能在于其农业生产方式落后，工业基础薄弱，但第三产业在近年来得到长足发展。

表 3 - 2　　　　　　　**2011～2015 年 31 个省份三次产业结构指数测算结果**

省份	2011 年	2012 年	2013 年	2014 年	2015 年	均值	排序
北京	0.3679	0.3613	0.3592	0.3536	0.3453	0.3575	1
上海	0.3375	0.3219	0.3292	0.3319	0.3248	0.3291	2
天津	0.3413	0.3255	0.3235	0.3209	0.3165	0.3256	3
西藏	0.3213	0.3150	0.3152	0.3121	0.3108	0.3149	4
重庆	0.3287	0.3065	0.2993	0.3097	0.3051	0.3099	5
江苏	0.3239	0.3037	0.3016	0.3025	0.3046	0.3073	6
浙江	0.3203	0.2982	0.3027	0.2981	0.3024	0.3043	7
广东	0.3163	0.2964	0.3018	0.3023	0.3018	0.3037	8
贵州	0.3131	0.3074	0.2975	0.2969	0.2933	0.3016	9
福建	0.3167	0.3002	0.2963	0.2969	0.2968	0.3014	10
海南	0.3191	0.2983	0.2957	0.2997	0.2899	0.3006	11
辽宁	0.3202	0.3051	0.2968	0.2919	0.2865	0.3001	12
黑龙江	0.3167	0.3005	0.2899	0.2928	0.2864	0.2973	13
青海	0.3112	0.2977	0.2930	0.2959	0.2857	0.2967	14
湖北	0.3137	0.2921	0.2898	0.2944	0.2898	0.2960	15
湖南	0.3158	0.2932	0.2890	0.2905	0.2866	0.2950	16
宁夏	0.3207	0.2931	0.2907	0.2826	0.2875	0.2949	17
江西	0.3176	0.2904	0.2900	0.2896	0.2870	0.2949	18
山东	0.3039	0.2930	0.2940	0.2919	0.2894	0.2944	19
安徽	0.3127	0.2899	0.2875	0.2895	0.2865	0.2932	20
云南	0.3141	0.2956	0.2923	0.2833	0.2780	0.2926	21
山西	0.3135	0.2933	0.2847	0.2816	0.2861	0.2918	22
新疆	0.3067	0.2936	0.2892	0.2922	0.2721	0.2907	23
四川	0.3079	0.2915	0.2821	0.2866	0.2851	0.2906	24
陕西	0.3156	0.2912	0.2834	0.2842	0.2742	0.2897	25
吉林	0.3134	0.2928	0.2850	0.2794	0.2780	0.2897	26
内蒙古	0.3146	0.2891	0.2837	0.2859	0.2730	0.2892	27
甘肃	0.3031	0.2843	0.2811	0.2788	0.2638	0.2822	28
河北	0.3053	0.2819	0.2785	0.2725	0.2714	0.2819	29
广西	0.3030	0.2780	0.2764	0.2764	0.2751	0.2818	30
河南	0.2895	0.2774	0.2760	0.2856	0.2775	0.2812	31

　　注：三次产业结构升级指数越高，说明该地区的产业结构更趋于合理化和高级化。各地区三次产业结构指数的排序按 2011～2015 年的五年平均值大小进行。

　　资料来源：根据 2011～2015 年 31 个省份的统计年鉴、中经网统计数据库、EPS 全球统计数据分析平台数据计算而来。

第二，要素禀赋结构指数的测算。比较优势理论认为，要素禀赋是一个国家或地区所拥有的两种生产要素的相对比例，是生产要素丰裕程度的体现，它代表了经济增长潜力，决定了比较优势。较之传统经济学，林毅夫（2010）所倡导的新结构主义经济学强调，要素禀赋结构及其变化对经济发展具有决定性作用。政府干预可调整和改进各阶段的经济结构，遵循比较优势的国家或地区经济发展表现得更好，通过优化要素禀赋结构，实现产业结构由劳动密集型传统产业向资本、技术密集型高端产业的转变。可见，要素禀赋结构升级就是指高级要素相对于初级要素越来越丰裕，且不断深化的过程。

依据古典增长理论和新制度理论，本书引入劳动、资本和技术三要素，将要素禀赋结构分解成资本—劳动要素禀赋结构和技术—劳动要素禀赋结构，以考察要素禀赋结构的动态演变。

资本—劳动要素禀赋结构。用资本—劳动比（K/L）表示，即采用资本存量与劳动力数量的比值来加以衡量（黎峰，2014、2015；刘胜等，2016）。比值越大，说明生产中的资本要素投入量越多，相应地也就属于资本密集型部门。此时，要素禀赋结构升级就是资本要素的丰裕度越来越高于劳动力要素的过程。

技术—劳动要素禀赋结构。用技术—劳动比（T/L）表示，即采用各地区 R&D 经费数量同劳动力数量的比值来加以衡量（姚芳，2016）。比值越大，说明生产中的技术要素投入量越多，相应地也就属于技术密集型部门。此时，要素禀赋结构升级就是技术要素的丰裕度越来越高于劳动力要素的过程。

表 3-3 和表 3-4 呈现的是 2011～2015 年全国 31 个省份要素禀赋结构指数的测算结果以及排序情况。其中，资本—劳动要素结构指数排在前十位的以中西部地区省份为主，正好反映了中国资本要素正逐步从东部向中西部地区转移的空间特征；而技术—劳动要素结构指数排在前十位的以东部地区省份为主。

表 3 - 3　　　　2011～2015 年资本—劳动要素结构指数测算结果　　　单位：元/人

省份	2011 年	2012 年	2013 年	2014 年	2015 年	均值	排序
天津	92610.59	98796.97	107736.65	119905.04	131935.66	110196.98	1
内蒙古	82967.82	91008.81	100961.37	118431.60	93613.58	97396.64	2
辽宁	74955.77	90091.10	99677.08	96521.74	74351.18	87119.37	3
江苏	56097.79	64826.23	76416.30	88090.98	97187.92	76523.85	4
青海	46431.85	60581.56	75143.69	90173.65	99892.04	74444.56	5
宁夏	48431.68	60866.76	75466.55	88851.90	96782.16	74079.81	6
吉林	55627.31	70149.27	70503.38	78357.21	85811.77	72089.79	7
新疆	48588.54	60951.47	70512.22	83222.40	90481.06	70751.14	8
陕西	45804.18	58440.32	72323.37	83173.29	89725.93	69893.42	9
黑龙江	55878.99	71500.48	80915.91	67918.70	68775.77	68997.97	10
重庆	47145.90	53493.09	61985.02	72397.49	84066.37	63817.57	11
福建	40288.33	48424.60	59969.79	68634.29	76944.46	58852.29	12
山西	40675.72	49510.72	59819.38	66340.53	75151.91	58299.65	13
北京	52154.16	55200.67	60009.29	59861.93	63198.63	58084.94	14
山东	41244.73	47687.75	55907.04	64323.85	72841.98	56401.07	15
浙江	38608.75	47814.18	56035.65	65325.23	73181.26	56193.01	16
河北	41361.92	48121.71	55436.47	63464.38	69906.87	55658.27	17
湖北	34197.55	42251.94	52295.04	62143.19	72618.64	52701.27	18
海南	36087.93	44335.19	52431.79	57304.92	62097.99	50451.56	19
江西	35882.49	42152.43	49639.78	57923.64	66473.47	50414.36	20
上海	44932.86	45877.36	49657.45	44056.08	46659.22	46236.59	21
湖南	29665.00	36133.66	44200.72	52527.79	62922.59	45089.95	22
安徽	30225.65	36668.80	43550.83	50743.63	56161.70	43470.12	23
甘肃	26434.02	34493.59	43375.88	51873.99	57005.19	42636.53	24
广西	27216.14	35435.73	42802.55	49528.52	57545.32	42505.65	25
西藏	27825.92	33184.20	42619.44	50038.84	55198.74	41773.43	26
四川	29719.59	35512.54	42193.90	48248.64	52663.19	41667.57	27
河南	28668.84	34112.60	40844.04	47211.93	53867.60	40941.12	28
贵州	23627.40	31316.34	39553.48	47262.91	56227.57	39597.54	29
广东	28636.04	31430.82	36465.44	42524.59	48788.42	37569.06	30
云南	21667.76	27173.50	34227.57	38816.88	45881.46	33553.43	31

　　注：资本—劳动要素结构指数越大，说明该地区的资本要素相对劳动要素的丰裕程度越高；各地区资本—劳动要素结构指数的排序按 2011～2015 年的五年平均值大小进行。

　　资料来源：根据 2011～2015 年 31 个省份的统计年鉴、中经网统计数据库、EPS 全球统计数据分析平台数据计算而来。

表 3 - 4　　　　　2011～2015 年技术—劳动要素结构指数测算结果　　　单位：元/人

省份	2011 年	2012 年	2013 年	2014 年	2015 年	均值	排序
北京	8756.14	9603.22	10386.04	10969.10	11668.69	9891.61	1
上海	5412.45	6091.11	6829.78	6311.77	6875.78	5989.52	2
天津	3901.65	4488.47	5051.47	5297.33	5688.94	4596.36	3
江苏	2239.30	2705.86	3124.96	3471.71	3785.28	2855.26	4
广东	1753.96	2072.01	2359.48	2596.45	2891.27	2175.14	5
浙江	1627.83	1957.57	2203.63	2444.30	2708.29	2050.15	6
山东	1301.91	1556.73	1786.83	1973.92	2151.81	1636.81	7
辽宁	1538.48	1612.62	1770.34	1698.48	1507.93	1561.38	8
陕西	1211.05	1393.52	1665.43	1774.42	1898.47	1498.60	9
湖北	879.66	1042.92	1208.57	1385.48	1535.65	1129.48	10
福建	900.47	1054.87	1228.78	1340.50	1419.33	1117.73	11
黑龙江	962.63	1076.47	1164.20	1114.91	1064.89	1053.54	12
重庆	809.74	978.47	1048.35	1189.51	1446.68	1020.64	13
吉林	666.28	809.80	845.60	903.31	955.08	793.00	14
四川	614.57	731.22	830.28	929.71	1037.50	782.83	15
内蒙古	681.73	777.43	832.18	822.23	929.57	763.50	16
湖南	582.31	715.74	810.70	909.80	1036.78	753.87	17
安徽	520.87	669.86	823.41	913.03	994.34	720.96	18
山西	652.10	739.29	840.36	817.20	707.66	714.96	19
河北	508.12	601.52	673.66	744.98	832.93	627.23	20
宁夏	451.07	529.18	595.05	667.92	703.59	549.98	21
河南	426.74	494.24	556.32	613.51	657.16	516.25	22
江西	382.03	444.66	523.42	588.14	662.06	491.52	23
甘肃	323.45	405.45	444.66	505.80	538.65	416.28	24
青海	406.74	422.10	437.74	451.42	360.42	400.27	25
新疆	346.18	393.18	414.56	433.02	435.13	386.67	26
广西	275.96	350.99	387.06	400.37	375.58	334.42	27
海南	225.85	283.62	288.32	311.45	305.32	262.37	28
云南	196.27	238.57	274.13	290.08	371.65	255.07	29
贵州	202.53	228.53	253.11	290.52	320.14	244.47	30
西藏	62.14	88.29	112.06	110.07	133.10	98.31	31

注：技术—劳动要素结构指数越大，说明该地区的技术要素相对劳动要素的丰裕程度越高；各地区技术—劳动要素结构指数的排序按 2011～2015 年的五年平均值大小进行。

资料来源：根据 2011～2015 年 31 个省份的统计年鉴、中经网统计数据库、EPS 全球统计数据分析平台数据计算而来。

（2）解释变量。

地方财政支出是地方政府为了实现其职能，有计划地对所筹集的财政资金进行分配使用的总称，体现了政府活动的范围和方向。新经济增长理论认为，政府干预对地区产业结构产生重要影响。核心解释变量包括了财政支出总量和结构，财政支出总量以各省份的人均财政支出予以表示；而各项结构性支出，主要是教育支出（*EE*）、科学技术支出（*STE*）、一般公共服务支出（*PSE*）、政府投资性支出（*GIE*）分别占各省份财政支出总额比重（储德银、建克成，2014）。其中，政府投资性支出主要包括农林水事务、交通运输、资源勘探电力信息等事务支出。

（3）控制变量。

引发产业结构升级的因素可分为两类，即作为自变量的政府行为因素以及市场机制下的经济因素。本书控制变量的选择借鉴储德银和建克成（2014）采用的全社会固定资产投资、对外开放程度、人力资本，并在此基础上引入城市化水平、经济发展水平（刘建民、胡小梅、吴金光，2014；刘建民、胡小梅，2017）。全社会固定资产投资，采用各省份固定资产投资额占各省 GDP 的比重表示；对外开放程度是财政支出引导要素资源流动的逻辑前提，采用进出口总额与 GDP 比值表示；中等教育以上人力资本数量和质量的积累能有效推动产业结构升级（毛军、刘建民，2014）。各个省份人力资本水平采用被广泛使用的平均受教育年限来衡量，指标构造：$human = \sum (mid/pop \times 9 + hig/pop \times 12 + sec/pop \times 12 + col/pop \times 16)$，其中，$mid$ 为初中在校生人数、hig 为普通高中在校生人数、sec 为中等职业教育在校生人数、col 为高等学校在校生人数、pop 为人口总数；城市化水平，采用各省城镇人口数同全省人口总数的比值表示；经济发展水平，采用各地区人均 GDP，且为了消除可能存在的异方差，以取自然对数形式表示。

3. 模型设定

根据前面的理论分析和变量的设置，本章构建了计量检验模型，将分别从财政支出规模和结构两方面就财政支出对三次产业结构和要素禀赋结构的效应进行检验，回归模型构建如下：

$$Chye_{it} = \alpha_0 + \eta_0 expenditure_{it} + \beta'_0 \sum X_{it} + u_i + v_t + \omega_{it} \qquad (3.9)$$

$$Chye_{it} = \alpha_1 + \eta_1 restructure_{it} + \beta'_1 \sum X_{it} + u_i + v_t + \omega_{it} \qquad (3.10)$$

$$Capital\ labor_{it} = \alpha_2 + \eta_2 expenditure_{it} + \beta'_2 \sum X_{it} + u_i + v_t + \omega_{it} \qquad (3.11)$$

$$Capital\ labor_{it} = \alpha_3 + \eta_3 restructure_{it} + \beta'_3 \sum X_{it} + u_i + v_t + \omega_{it} \qquad (3.12)$$

$$Technical\ labor_{it} = \alpha_4 + \eta_4 expenditure_{it} + \beta'_4 \sum X_{it} + u_i + v_t + \omega_{it} \qquad (3.13)$$

$$Technical\ labor_{it} = \alpha_5 + \eta_5 restructure_{it} + \beta'_5 \sum X_{it} + u_i + v_t + \omega_{it} \qquad (3.14)$$

在式（3.9）至式（3.14）中，*Chye* 代表三次产业结构指数；*Capital labor* 和 *Technical labor* 是资本—劳动要素禀赋结构和技术—劳动要素禀赋结构，分别表示特定时间和地区资本要素和技术要素的相对丰裕程度；*expenditure* 表示财政支出总量；*restructure* 是各财政支出结构分项，分别为教育支出、科学技术支出、一般公共服务支出和政府投资性支出；*X* 为一系列的控制变量。

以上各主要变量的统计性描述结果如表3-5所示。

表3-5　　　　　　　　　　指标统计性描述

变量	平均值	标准差	最小值	最大值	样本数
三次产业结构指数	0.3019	0.0189	0.2638	0.37	155
资本—劳动要素禀赋结构指数（元/人）	10.8437	0.3996	9.7883	11.7901	155
技术—劳动要素禀赋结构指数（元/人）	6.7367	1.0074	4.1294	9.3647	155
人均财政支出（亿元）	10493.57	4609.48	4521.71	26548	155
教育支出（%）	16.54	2.70	9.89	22.22	155
科学技术支出（%）	1.87	1.36	0.37	6.58	155
一般公共服务支出（%）	10.13	2.40	4.20	17.80	155
政府投资性支出（%）	27.36	4.15	17.11	39.99	155
全社会固定资产投资（%）	76.29	21.66	25.29	132.83	155
对外开放程度	0.30	0.35	0.04	1.55	155
人力资本水平	0.0181	0.0053	0.008	0.0335	155
城市化水平（%）	53.87	13.91	22.67	89.60	155
经济发展水平（元）	44566.89	21267.44	13119	107960.10	155

3.5.2　实证检验与结果分析

1. 地方财政支出的总量效应

通常用于估计结果稳健性检验的方法有两种：一种是采用其他的估计

方法对原模型再次估计，目的在于验证和比较估计系数的大小、方向以及显著程度差别；另一种是选择与原主要解释变量相关的新变量作为替换进行估计（黎峰，2014）。本章选择第一种，采用极大似然模型估计法对原模型再次估计检验（邓旋，2011）。

首先要考察的是地方财政支出对三次产业结构和要素禀赋结构的总量效应，估计结果如表3－6所示。

表3－6　　　　　　财政支出规模与三次产业结构、要素禀赋结构

变量	三次产业结构		资本—劳动要素禀赋结构		技术—劳动要素禀赋结构	
	固定效应模型估计	极大似然模型估计	固定效应模型估计	极大似然模型估计	固定效应模型估计	极大似然模型估计
人均财政支出	－ 0. 6661 (2. 4660)	－ 0. 3026 (2. 4046)	0. 1747 *** (0. 0622)	0. 1772 *** (0. 0602)	0. 0214 ** (0. 0086)	0. 0476 *** (0. 0064)
固定资产投资	－ 0. 8445 *** (0. 1576)	－ 0. 8799 *** (0. 1527)	1. 1030 *** (0. 0864)	1. 0483 *** (0. 0715)	－ 0. 3802 * (0. 2188)	－ 0. 1413 (0. 1812)
对外开放程度	0. 0307 *** (0. 0102)	0. 0159 ** (0. 0074)	－ 0. 5359 *** (0. 0602)	－ 0. 5378 *** (0. 0580)	0. 4456 *** (0. 1524)	0. 4851 *** (0. 1471)
人力资本水平	0. 8093 ** (0. 3538)	0. 6392 ** (0. 2537)	－ 0. 0379 *** (0. 0054)	－ 0. 0401 *** (0. 0059)	41. 0057 *** (6. 2430)	39. 7750 *** (6. 0956)
城市化水平	0. 1091 *** (0. 0292)	0. 1053 *** (0. 0332)	1. 5206 *** (0. 2267)	1. 5013 *** (0. 2158)	1. 5730 *** (0. 5738)	1. 3862 ** (0. 5469)
经济发展水平	0. 0450 *** (0. 0084)	0. 0405 *** (0. 0105)	0. 7420 *** (0. 0546)	0. 7234 *** (0. 0451)	0. 7197 *** (0. 1382)	0. 8659 *** (0. 1143)
常数项	0. 5905 *** (0. 0649)	0. 6797 *** (0. 0479)	1. 4408 *** (0. 5090)	1. 6832 *** (0. 3944)	－ 2. 1009 (1. 2887)	－ 3. 7135 *** (0. 9997)
$R - sq: within$	0. 6534	—	0. 8703	—	0. 9124	—
F 值	46. 82 ***		194. 59 ***		301. 99 ***	
$LR\ Chi^2( )$	—	169. 86 ***	—	457. 40 ***	—	455. 33 ***
观测值	155	155	155	155	155	155

注：***、**、*分别表示在1%、5%和10%的水平上显著，括号内的数值为标准误差。面板数据模型有固定效应和随机效应之分，在借助 Hausman 检验后本书采用固定效应模型；固定效应下的 F 检验，极大似然估计下的 LR Chi²( )检验分别对模型的联合显著性程度进行检验。

人均财政支出对三次产业结构的影响系数为 － 0. 0379，但不具有显著性，意味着财政支出总量在一定程度上阻碍了三次产业结构升级。对此，

本书的解释是：一是为迎合近些年来"稳增长、保增长"的国家宏观政策目标，以及在"GDP 锦标赛"机制的导向下，地方政府竞相采取扩张性的支出政策，盲目过度的产业偏向性投资造成了资源配置的低效，诱发了产业结构趋同、"锁定"以及产能过剩等问题；二是财政支出政策对需求结构的作用机制不够畅通，途经多个环节，可能存在因传导信号失真而误导企业决策的现象；三是支出结构有待优化，生产性支出总量过大、增速过快，易挤占其他非生产性支出的安排。可见，有必要对各支出分项的结构效应作进一步的考察。

　　然而，从要素结构视角看，人均财政支出对资本—劳动要素结构和技术—劳动要素结构的影响系数分别为 0.1747、0.0214，均具有显著性。意味着财政支出在总量上改善了资本和技术两种要素的积累，有效的激励和引导着资本、技术等高级要素在部门间的积累与再分配，并通过优化生产要素的供给结构，提高了资本和技术要素的配置效率，推动了产业的差异化和产业结构的替代、变迁，进而促进了要素结构升级。

2. 地方财政支出的结构效应

　　此部分进一步地考察财政支出对三次产业结构和要素禀赋结构的结构效应，估计结果如表 3-7 所示。

表 3-7　　　　　　　财政支出结构与三次产业结构、要素禀赋结构

变量	三次产业结构升级		资本—劳动要素禀赋结构升级		技术—劳动要素禀赋结构升级	
	固定效应模型估计	极大似然模型估计	固定效应模型估计	极大似然模型估计	固定效应模型估计	极大似然模型估计
教育支出	1.2514 (1.0183)	1.2954 (0.9883)	0.0013 *** (0.0001)	0.0200 *** (0.0012)	0.4418 (0.9016)	0.3231 (0.8506)
科技支出	0.5739 *** (0.1188)	0.5339 *** (0.1168)	0.3162 (0.2680)	0.1722 (0.2684)	3.1285 (2.5754)	2.7713 (2.4857)
一般公共服务支出	-0.2633 *** (0.0648)	-0.2683 *** (0.0626)	-0.7379 *** (0.2149)	-0.6024 *** (0.1800)	-0.4794 *** (0.1726)	-0.4675 *** (0.1649)
政府投资性支出	-0.1413 (0.1812)	-0.1299 (0.1853)	-0.3747 *** (0.0946)	-0.3493 *** (0.0926)	-0.8486 *** (0.2221)	-0.6856 *** (0.2279)
固定资产投资	0.4891 * (0.2760)	0.3550 (0.2744)	1.0956 *** (0.0807)	1.0825 *** (0.0683)	-6.9217 *** (1.6941)	-7.1011 *** (1.6307)

变量	三次产业结构升级		资本—劳动要素禀赋结构升级		技术—劳动要素禀赋结构升级	
	固定效应模型估计	极大似然模型估计	固定效应模型估计	极大似然模型估计	固定效应模型估计	极大似然模型估计
对外开放程度	1.3595 *** (0.2086)	1.4199 *** (0.2045)	−0.4640 (0.6543)	0.0641 0.5704	−2.7975 (1.7434)	−3.1513 ** (1.5038)
人力资本	35.5803 *** (8.5108)	34.9408 *** (8.2688)	22.5631 *** (4.5142)	23.1402 *** (4.2994)	40.7354 *** (6.8625)	39.7389 *** (6.5536)
城市化水平	0.5550 (0.9869)	1.0162 (0.9793)	1.2989 *** (0.2920)	1.4462 *** (0.2662)	1.9370 ** (0.7782)	1.7782 ** (0.7018)
经济发展水平	2.2909 ** (1.1198)	2.5169 ** (0.9911)	0.7880 *** (0.0571)	0.7557 *** (0.0454)	0.6140 *** (0.1520)	0.6919 *** (0.1198)
常数项	17.8875 *** (4.3153)	15.4616 *** (4.3374)	0.8984 * (0.5020)	1.1560 *** (0.3757)	−1.4890 (1.3375)	−2.2986 ** (0.9905)
$R-sq: within$	0.5767	—	0.8865	—	0.9150	—
F 值	20.93 ***	—	148.36 ***	—	204.63 ***	—
$LR\ Chi^2()$	—	142.27 ***	—	480.97 ***	—	464.29 ***
观测值	155	155	155	155	155	155

注：***、**、*分别表示在1%、5%和10%的水平上显著，括号内的数值为标准误差。面板数据模型有固定效应和随机效应之分，在借助 Hausman 检验后本书采用固定效应模型；固定效应下的 F 检验，极大似然估计下的 $LR\ Chi^2()$ 检验分别对模型的联合显著性程度进行检验。

（1）教育支出。教育支出对三次产业结构的影响系数为1.2514，但不具有显著性。估计结果表明，教育支出并未充分发挥其对三次产业结构应有的促进作用。然而，并不能以此简单地否定教育支出对稳增长和调结构的功效（李普亮，2015）。本章的解释是：首先，教育支出是提升人力资本的主要途径，但对三次产业结构的影响路径是间接的，且作用效果往往具有一定的滞后性。其次，近年来地方财政支出规模呈现出不断扩张的趋势，但教育支出占比却从1994年的29%，下降到2014年的21%。究其原因，可能在于在财政分权体制下，地方政府财政支出自主性得到提升，教育支出因具有投资周期长、见效慢以及收益非独占等特征，往往不受地方政府的青睐，从而削弱了对教育领域的投入激励。进一步从要素禀赋结构角度看，教育支出对资本—劳动要素结构和技术—劳动要素结构的影响系数分别为0.0013（显著，但作用较弱）、0.4418（不显著）。教育支出作用于人力资本，通过提升人力资本的知识结构和专业化程度以产生递增收益，为经济增长提供了内生动力。在产业结构升级进程中，人力资本应满足第三产业发展所需的市场和要素条件。但中国人力资本市场尚不成熟，还存在诸多阻碍人力资本在行业间自由流动的障碍，尤其导致第三产业的人力资本需求得不到有效满足，教育支出有待加快向第三产业转型。

（2）科学技术支出。科学技术支出对三次产业结构的影响系数为0.5739，具有显著性，意味着科学技术支出促进了三次产业结构升级。地方科学技术支出是地方政府扶持科技创新的主要投入形式，也是科技创新型产业研发资金的重要来源。通过进一步对要素禀赋结构进行实证检验发现，科学技术支出对其作用效果正向但并不显著，对要素结构升级的促进作用有限。可能的原因在于，科技投入从研发到产出具有积累的时效性和效应的滞后性，而当前产业的科技创新大多集中于引进、学习和模仿，缺乏原创性的基础和氛围。这种"创新模式"有助于短期内企业生产率的提升，而对于推动地方整体产业结构升级却往往不具有实质性效果。

（3）一般公共服务支出。无论是对三次产业结构，还是对要素禀赋结构，一般公共服务支出的作用效果均表现出显著的负向影响。以行政管理费支出为主的一般公共服务性支出属于非生产性的社会物质财富纯消耗性支出。在党的十八大提出更大程度、更大范围发挥市场在资源配置中的基础性作用，以及十八届三中全会提出使市场在资源配置中起决定性作用的时代背景下，中国的地方一般公共服务支出占比已从2007年的16.57%下降到2015年的8.47%，但由于前期政府规模扩张以及政府干预的过度，支出总量基数过大带来的负面效应在短时期内还难以得到彻底消除。

（4）政府投资性支出。资本要素的供给是产业结构升级最为直接的因素，而投资是资本形成的源泉。政府投资具有投资规模大、乘数效应强等显著特征，为国民经济支柱产业发展提供了所需的资本要素，对全社会的生产具有要素积累效应。然而，估计结果显示：政府投资性支出对三次产业结构和要素结构的影响系数分别为 – 0.1413（不显著）、– 0.3747（显著）、-0.8486（显著）。意味着中国地方政府投资性支出一定程度上阻碍了三次产业结构升级和要素结构升级。财政分权改革使中央政府侧重于宏观层面的产业规划，而地方政府则获得了更多本辖区投资项目的审批权，在政府直接投资领域，地方政府投资逐步扩大，而中央政府逐步退出。

3.6 空间溢出效应检验

3.6.1 时空演变特征分析

2011～2015 年中国省级地方政府竞争强度（此处的"地方政府竞争强度"指标以"各省级财政支出同省级财政收入的比值"表示）的时空演变情况。不论是 2011 年还是 2015 年，地方政府竞争强度在空间分布上均具有明显的非均衡特征。整体而言，竞争强度最大的是西部地区，其次依次是中部地区和东部地区。到 2015 年，竞争强度位于区间 [2，3) 的省份较为明显地增加了山西和陕西，但全国整体分布格局未发生较大变化。具体来看，竞争强度最大的省份分别为青海（6.4）、甘肃（4.0）、新疆（3.2）等西部欠发达地区；而竞争强度最小的省份分别为山东（1.4）、天津（1.2）、浙江（1.2）、广东（1.2）、江苏（1.2）、上海（1.1）、北京（1.1）等东部发达地区。通过以上分析，发现西部地区较东部地区具有更为强烈的财政支出愿望，借助财政支出手段展开竞争的动机更为明显。

2011～2015 年中国省级地方教育支出占比的时空演变情况。中国省级教育支出的占比在空间上具有显著的非均衡特征。教育支出占比分布情况总体表现为"东部＞中部＞西部"的格局，且五年间的分布格局未发生较大变化。具体来看，2011 年教育支出占比较大的省份有山东（21%）、河南（20%）、浙江（20%）、江西（19%）、福建（19%）；占比较小的省份有上海（14%）、辽宁（14%）、青海（13%）、黑龙江（13%）、内蒙古（13%）、重庆（12%）。到 2015 年占比最大的省份有山东（20%）、贵州（20%）、广西（19%）、浙江（19%）、福建（19%）、河南（19%），占比最小的省份有重庆（14%）、黑龙江（14%）、辽宁（14%）、内蒙古

（13%）、宁夏（13%）、上海（12%）、青海（11%）。若以2011年为基期，增长较快的分别是贵州（17.65%）、重庆（16.67%）、四川（13.33%）、黑龙江（7.69%）等；下降较快的有青海（-15.38%）、上海（-14.29%）、宁夏（-13.33%）、广东（-11.11%）等。可见，地方政府在教育支出上的竞争表现为"东部＞中部＞西部"的空间特征。

2011～2015年中国省级地方科学技术支出占比的空间分布情况。经过五年时间的空间演变，中国省级科学技术支出占比的空间分布呈现出较为明显的空间非均衡分布特征。分区域看，2011年占比最大的是东部地区，其次是中部地区，最后是西部地区，其中北京和上海的支出比重超过5%。到2015年，全国整体上依旧呈现"东部＞中部＞西部"的空间格局。但与2013年比，低比重的省份逐步减少，而高比重的省份呈现逐步增加的态势，可见科学技术支出占比的空间非均衡特征正逐步减弱。具体来看，2011年科学技术支出占比较大的分别为北京（5.6%）、上海（5.6%），较少的有江西（0.8%）、甘肃（0.7%）、青海（0.4%）；2015年占比较大的是北京（5.0%）、广东（4.4%）、上海（4.4%），较少的是内蒙古（0.8%）、河北（0.8%）、青海（0.7%）。若以2011年为基期，到2015年增长较快的分别为江西（112.5%）、湖北（85.71%）、青海（75%）；下降较快的分别为辽宁（-31.82%）、海南（-23.08%）、上海（-21.43%）。因此，总体而言，地方科学技术支出占比在空间上呈现"东部＞中部＞西部"的空间非均衡特征，但非均衡的态势正逐步减弱。

2011～2015年中国省级地方一般公共服务支出占比的时空演变特征。经过五年时间，中国省级一般公共服务支出占比的空间非均衡特征较为明显。2011年一般公共服务支出占比最大的主要以广大中西部地区为主，其中贵州、湖南、河南、广西等地的占比均超过了13%；到2015年，整体依旧呈现中西部地区大于东部地区的格局，但高比重的省份明显减少，而低比重的省份大大增加。对此，本章认为，这一演变特征的产生与近年来史上最严"三公"经费严控措施，以及《中共中央八项规定》的出台密切相关。具体来看，2011年一般公共服务支出占比最大的是贵州（14%）、湖南（13%）、河南（13%）、广西（13%），最小的有青海（7%）、天津（7%）、上海（6%）；2015年占比最大的依然是湖南（11%）、贵州

（11%）、河南（10%），最小的是天津（6%）、北京（5%）、上海（4%）。若以 2011 年为基期，到 2015 年，下降较多的分别是北京（－37.5%）、山西（－36.36%）、陕西（－33.33%）、黑龙江（－33.33%）、上海（－33.33%）、广东（－33.33%），下降较少的分别是新疆（－9.09%）、甘肃（－10%）、江西（－10%）。总的来看，一般公共服务支出占比总体上呈现下降态势，在空间上的非均衡特征趋于减弱。

2011~2015 年中国省级政府投资性支出的时空演变特征。2011~2015 年呈现显著的空间非均衡性，主要表现为区域差异化的特征。2011 年省级政府投资性支出占比最大的是西部地区，其次是中部地区，最后是东部地区，其中青海、宁夏、黑龙江、贵州、内蒙古、江西六省均超过了 30%。到 2015 年，空间分布未发生较大变化，依旧呈现出"西部＞中部＞东部"的空间格局，但也能够看出高比重和低比重的省份均有增加，说明非均衡性呈现出逐步扩大的趋势。具体来看，2011 年占比较大（占比超过 30%）的有青海（35%）、宁夏（33%）、黑龙江（32%）、贵州（32%）、内蒙古（32%）、江西（31%），以中西部欠发达省份为主；占比较小的有广东（22%）、北京（22%）、上海（21%）、天津（18%），以东部发达省份为主。到 2015 年占比较大（占比超过 30%）的省份有青海（39%）、云南（33%）、甘肃（33%）、黑龙江（32%）、宁夏（32%）、广东（31%）、内蒙古（31%），依旧以中西部欠发达省份为主；占比较小的主要有北京（22%）、上海（21%）天津（18%）等东部发达省份。本章认为，出现中西部欠发达地区的政府投资性支出占比明显高于东部发达地区的主要原因是，东部地区和中西部地区在经济发展水平上存在较大差异，东部地区对基础设施建设的需求已经得到较好满足，而中西部地区对于依靠政府投资性支出改善基础设施建设和社会经济发展环境仍具有较大实现空间。若以 2011 年为基期，到 2015 年，增长较快的分别是广东、浙江、青海、甘肃、云南，分别增长了 40.91%、20%、11.43%、10%、10%；下降较快的分别是广西、湖南、江西、贵州、河南，分别下降了－13.33%、－10.71%、－9.68%、－9.38%、－7.69%。

2011~2015 年中国省级地方资本—劳动要素结构的时空演变情况。可以看出，经过五年演变，中国地方资本—劳动要素结构的空间分布具有显著的空间非均衡特征。2011 年资本—劳动比值较大的是内蒙古、辽宁以及天津等地区，资本要素密集度超过了 60000 元/人；其次是新疆、青海、宁夏、山西、陕西、重庆、北京、河北、山东、上海、江苏等地区，资本要素密集度位于 40000～60000 元/人之间；其他地区则在 20000～40000 元/人之间。到 2015 年，资本要素密集度超过 80000 元/人的地区有天津、青海、江苏、宁夏、内蒙古、新疆、陕西等；位于 60000～80000 元/人之间的地区有吉林、重庆、福建、山西、辽宁、浙江、山东、湖北、河北、黑龙江、江西、北京、湖南、海南等；其他地区均位于 40000～60000 元/人之间。

总体来看，2011～2015 年的五年间，中国资本—劳动要素结构升级明显，在空间上呈现出资本要素高密集度地区逐步增加，低密集度地区逐步减少的演进态势。具体来看，2011 年资本—劳动比值最大的是天津（92611 元/人），最小的是云南（21668 元/人）；2015 年最大的依然是天津（131936 元/人），最小的也依旧是云南（45881 元/人），但同 2011 年相比，比值均有较大幅度增长。若以 2011 年为基期，到 2015 年，增长较快的分别是贵州（137.98%）、青海（115.14%）、甘肃（115.65%）、湖北（112.35%）、湖南（112.11%）、云南（111.75%）、广西（111.44%）；增长较慢的分别为辽宁（-0.81%）、上海（3.84%）、内蒙古（12.83%）、北京（21.18%）、黑龙江（23.08%）。

3.6.2　理论分析与形成机理

1. 理论分析

地方政府竞争受激励因素影响，主要包括地方经济发展、自身利益的强化、政治权力中心的认可以及辖区居民的支持。地方政府通过发展经济向辖区居民提供优质的物质利益和社会福利，可获得来自普通公民和精英阶层对其权威的认可，从而达成一种政府和社会各取所需的契约，社会公众的满意成为政府有效运行的前提和基础，这便可用来解释地方政府致力于发展辖区经济，提供优质公共服务的行为动机。现有文献几乎一致认可分权体制对政府竞争的激励效应，主要原因在于分权体制凸显了地方政府的独立主体地位，刺激了地方政府实现辖区经济利益最大化的动机。财政分权扩大了地方政府的自主权，为财政竞争行为的产生提供了制度条件。在财政激励和晋升激励模式主导下，地方政府通过财政支出安排，竞相提供优质的公共品和公共服务，吸引更多的生产要素流入，以实现自身经济利益和政治利益最大化。

所谓要素的流动性，是指经济发展所需要素在地域空间上的位移，既是要素的跨区域优化配置，也是具有比较优势的商品和劳务从辖区要素市场向更为广阔的外部市场的输出。因此，从竞争目的出发，也可以将其概括为资源竞争模式（resource competition model）。资源竞争模式包括要素竞争和产品竞争，均是为了在经济竞争中获得优势，对各类资源要素展开争夺。首先，要素竞争是指地方政府通过打造更为优越的经济政策环境，以吸引优质生产要素的流入，也是当前地方政府间展开竞争的主要形式。其次，产品竞争是一种地方政府为提升辖区产业竞争力而致力于改善企业经营环境，推动地区经济增长的竞争形式。可见，地方政府主要是通过以上两种要素资源竞争方式，促成辖区要素积累高地形成，以扩大地区产业集聚，实现规模经济。

资源竞争模式具有两个特点。（1）注重对流动要素的争夺。哈罗德—多马模型阐述了劳动和资本要素对经济长期稳定增长的重要性，罗默的技术内生化经济增长模型进一步将技术要素和人力资本纳入了考量。因此，正是出于生产要素对经济增长重要性的认识，地方政府才尽其所能对流动性生产要素展开争夺。（2）注重对产业竞争力的培养。由于政府承担着"催化剂"和"激励者"的角色，在提升地区竞争力方面能够发挥重要作用。表现为通过补贴、税收优惠等多样化的经济激励机制和措施发展竞争优势产业。

然而，资源竞争模式下的地方政府竞争行为也产生了一系列的负面影响。分权化改革强化了地方政府为辖区产业发展而吸引生产要素的努力程度，加剧了地方政府间的竞争。在追求自身利益最大化的过程中，常出现不惜损害其他地区利益的消极竞争行为，引发恶性竞争。尤其在缺乏足够竞争优势的地方，甚至采用行政干预手段阻碍产品和要素的自由流动，引发市场分割，导致区域资源要素配置低效。概括而言，恶性竞争主要表现在三个方面。（1）基础设施的重复建设。鉴于基础设施建设吸引要素资源流入的重要作用，地方政府较为普遍地扩大基础设施建设，甚至不惜以重复建设为代价。（2）行政垄断与地区封锁。由于中国尚未建立起统一的市场体系，地方商品和要素市场的交易常受到来自政府的行政干预，在大力扶持本辖区产业发展的同时，通过设置要素流动壁垒，控制商品和要素市场交易。（3）过度竞争导致产能过剩。过度竞争引发了资源浪费，减缓了技术进步和经济效益的提升。

新古典经济学认为，经济增长主要由劳动、资本和技术这三大要素驱动，而三大驱动要素在比例上的分配对产业结构产生重要影响。另外，要素在产业和区域间的配比并非静态的，而是以流动的形态进行。要素流动引发了三次产业在空间上差异化的动态转移轨迹（于江波、王晓芳，2015）。在未实现生产要素最优配比组合的地区，生产要素的持续流入有助于提升该地区的产业竞争力。可见，产业结构升级的实质是各类流动生产要素在最优比例组合下的结果。

现代区域经济学理论认为，区域经济的发展伴随产业结构的演变。区域产业结构同区域经济水平密切相关，产业结构在一定程度上决定了区域经济的增长速度，一地区的产业结构升级不可避免地会对邻近其他地区的产业结构产生影响。对此，可以借助标尺竞争理论进行解释。（1）相邻地区相互模仿的策略行为产生的关键在于邻近地区之间具有可比性和相似性。以 GDP 为中心的考核指标体系一定程度上引发了地方政府间标尺竞争的产生。地方政府以邻近地区的 GDP 水平或者相似考核标准作为自身参照，为争夺生产要素而展开财政竞争，财政支出过多地向基础设施建设领域倾斜，直接导致地区间支出结构趋同，引发产业结构扭曲。（2）中央在地方实施的相对绩效考核制度，使原本经济功能相对完整和独立的各个地方在产业结构上展开比较，这势必导致掌握了一定要素禀赋资源以及经济管理权的地方政府官员，在产业政策层面展开"你追我赶"式的标尺竞争，甚至通过行政干预，选择相对更易引发关注或更易实现的产业领域进行升级。（3）地方政府官员在推进产业结构升级这一问题上，至少享有三大优势：一是经济上的地方分权扩大了地方政府的经济自主权，在经济分权体制下，地方政府官员享有众多的推动经济增长和产业结构升级的资源和工具；二是由于地理上靠近本地辖区，较上级政府更具有了解和熟悉本辖区资源禀赋条件的优势；三是随着开放程度的扩大，较以往更易在对外交流中获得资源和信息。

中国产业结构升级既没有完全违背也没有完全遵循新旧结构经济学所倡导的比较优势原则（陈万钦，2017），而是在比较优势原则的基础之上，通过市场力量与政府力量相结合的方式，不断推动要素转换和整合，建立起新的产业升级所需的比较要素优势，为产业结构升级提供动力。实现要素的转换和整合应具备一定的前提条件。首先，政府需要对要素资源具有一定的掌控能力。具有权威性的政府在要素整合过程中更有利于有效发挥政策的引导功能。其次，政府能够独立地行使财政政策，财政政策在要素转换和整合过程中发挥着引导与放大作用。

通过以上理论分析，我们可以得到三点认识。（1）资源竞争模式下的恶性竞争会产生一系列的负面影响，引发重复建设、行政垄断、市场分割以及产能过剩等问题。（2）政府在争取产业结构升级所需生产要素的过程中扮演了重要作用。（3）对流动性生产要素的争夺除了产生本地效应外，也会给其他地区带来溢出效应。财政激励和晋升激励模式直接影响着政府竞争行为，若激励模式不存在，地方政府可能更倾向于降低本辖区公共品和服务的供给，以削弱对邻近地区的政策外溢。下面我们将进一步地从要素结构升级视角，就政府竞争对产业结构升级的空间溢出效应形成机理进行描述。

2. 形成机理

（1）地方政府竞争产生的逻辑机理。地方政府竞争的逻辑机理可以从以下三个方面加以概括：

第一，从激励结构上看，地方政府是"经济参与者"，分权制强化了地方政府的经济增长动机；同时地方政府官员作为"政治参与者"会为政治上的晋升和收益展开竞争。然而，不管从哪一个维度出发，以 GDP 为中心的增长论都是必要条件，即"经济增长是硬道理"。

第二，竞争是通过对流动性生产要素的争夺得以实现。为提升自身竞争力，地方政府必然以低成本（税收成本）、高质量（提供公共服务的项目、态度等）的原则为争取要素所有者展开公共服务供给竞争。

第三，在公共资源有限性和"用手投票"机制缺失的条件约束下，政府竞争的对象必然转向流动生产要素的所有者，甚至因此忽略非流动性生产要素以及对社会弱势群体的服务需求。显然，优先为流动性生产要素提供服务，忽视非流动性要素供给责任的竞争策略取向有违社会公平原则。

（2）地方政府竞争影响要素流动的空间溢出效应形成机理。进一步地，本章认为政府竞争对要素流动影响的空间溢出效应的形成机理可从以下三方面加以概括。

第一，在政治激励和财政激励的双重驱动下，对要素资源展开竞争。地方政府竞争局面的形成，应具备四个方面的条件，即竞争主体、对象、手段及目的。财政分权改革后，随着中央政府权力的下放，确立了地方政府的相对经济主体地位；社会主义市场经济体制的建立保障了经济增长的基本要素在地区间的自由流动，明确了地方政府的要素竞争对象；分权制改革权力的下放，包括了一系列的经济管理权，形成了地方政府参与竞争的有效手段；就竞争的目的来看，以经济增长为核心内容的政绩考核和官员晋升模式激励着地方政府为发展经济而竞争。财政分权激励地方政府树立本地经济利益最大化的施政目标，继而引发横向地方政府竞争（Qian and Roland，1998；周业安、赵晓男，2002）。同时，以 GDP 为中心的政府官员政绩考核制度迫使地方政府官员面临经济增长和政治晋升的双重压力（周黎安，2004）。压力之下，地方政府致力于通过各种竞争策略吸引外部要素流入，以促进辖区经济增长（周业安，2009）。可见，地方政府竞争受政治激励和财政激励双重驱动，且都围绕要素资源展开，主要表现为两个方面。一是在吸引要素流入。地方政府通过扶持性投资的税收竞争手段吸引要素流入。现实中，地方政府立足本地资源优势展开招商引资竞争，在对投资方的游说过程中展示辖区的优势特色，以便在激烈的竞争中获得胜出，此类引资竞争有利于实现辖区专业化。二是在避免辖区要素流出。最为常见的手段是通过实施管制对本地市场提供保护，设置贸易壁垒的地方保护主义行为极大地阻碍了生产要素的自由流动，不利于辖区专业化优势以及统一市场的形成。

第二，区域产业发展非均衡。区域产业差异是典型的产业空间现象，它与邻近空间单元的产业发展往往是相关的，由于区域产业非均衡具有空间依赖性，在邻近省域间，一省份的产业差异会通过空间溢出效应而对相邻其他地区产生影响，这种现象产生的根源在于要素的空间集聚与分散，依据中心—外围理论，生产要素的过度集中会扩大中心区域与外围区域间的差距。

区域产业结构升级依赖于分散在不同地理空间上的生产要素的聚集与组合。为实现本辖区利益最大化，地方政府对有限资源展开争夺。由于支出竞争策略的外部性存在，必然对其他地区产生外溢影响，这就引出了区域间政府竞争行为的协调问题。中国区域间经济差距的扩大，主要体现在区域间产业结构效益、水平以及地方政府间竞争能力的差异，导致流动性生产要素正逐步单向地向东部发达地区集聚。改革开放以来，虽然中国已经逐步摒弃了由政府行政主导的产业发展模式，转而通过提供公共品以引导资源要素自由流动，但在这一问题上，发达地区和欠发达地区政府的行为特征存在较大差异。发达地区是主要的资源要素流入地和产品的输出地，通过致力于软环境建设，形成要素聚集；而欠发达地区由于软环境欠缺，获取产业发展要素的能力有限，导致税源被严重缺少。因此，本书认为应重新审视国家宏观经济政策，促进区域要素结构调整，实现区域经济均衡发展。

第三，企业通过"用脚投票"对公共服务进行选择。蒂伯特（Tiebout，1956）和施蒂格勒（Stigler，1957）认为财政分权导致地方政府在"用脚投票"机制约束下，通过压缩财政支出规模、提升公共品供给质量和效率等方式在流动性要素资源的争夺上展开竞争。企业作为重要的市场主体，地方政府竞争环境下的企业行为值得关注。地方政府竞争引发的"用脚投票"机制对政府行为形成约束，企业所享受的政府服务若不能同其缴纳的税费对等，就可能向其他地区迁移。可以看出，企业的"用脚投票"机制具有如下三个特征：一是只有流动性生产要素所有者才拥有"用脚投票"权；二是企业"用脚投票"的目标函数是其所获得的政府服务与其所缴纳的税费比较而呈现的企业利益最大化；三是"用脚投票"机制于政府行为而言是一种市场力量的约束机制，要求政府行为遵循效率原则，而对企业而言，则是一种行为偏好的显示机制。

（3）财政支出竞争对产业结构升级的空间溢出效应形成机理。地方财政支出对产业结构升级的直接影响机制可以描述为：通过对不同产业间的要素积累和重新分配产生影响，以改变产业生产消费需求结构和供给结构，进而引发不同产业在结构上的相对替代和变迁；而其空间溢出效应的产生主要源于流动性生产要素的跨区域流动。如图 3-3 所示，要素流动是促进区域要素结构升级的重要动力。生产要素在区域空间的自由流动作用于区域分工、空间联系以及区域协调，从而对区域要素结构升级产生重要影响。

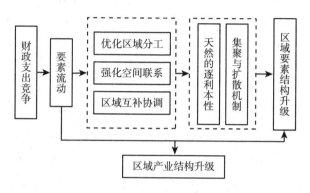

图 3-3 财政支出竞争促进区域产业结构升级的空间溢出效应形成机理

财政支出竞争是政府竞争的主要手段之一，影响着地方政府行为以及辖区资源要素的充裕度，在产业结构升级过程中发挥着重要的区位定向诱导功能，引导各类资源要素在产业内和区域间的流动、配置、扩散以及溢出，对于强化产业发展的外部联系、空间集聚具有重要影响。其空间溢出效应形成机理可以从三个方面进行概括。第一，竞争效应。产业发展所需的生产要素更偏好于流向基础设施建设更为完善的区域，地方政府在基础设施建设领域的竞相投资进一步增加了这类区域对生产要素的"虹吸效应"。第二，标杆效应。随着近些年来中国财政支出结构的逐步优化，民生领域的投入越来越受到地方政府的重视，为改善公共福利，同级地方政府间通过相互模仿，竞相扩大科教等民生领域的投入，带动了地区间产业的同向增长。第三，外部效应。由于人口流动、经济贸易、先进理念和信息技术的跨区域流动与传播，地方政府的财政投入对邻近地区的产业发展产生越来越深远的影响。

　　一般而言，区域间要素禀赋差异越大，要素结构的互补性就会越强。而对于要素禀赋差异较大的邻近地区，寻求产业一体化合作的诉求也会越高，要素在两地间的流动速度也会得到提升。可见，区域间的差异化和互补性是助推要素流动、实现区域产业一体化合作的先决条件。

　　资本要素具有天然的趋利本性和较强的流动性，是引发地区间为经济发展展开争夺的重要生产要素。在市场经济条件下，资本要素的自由流动总是遵循从低回报区向高回报区流动的路径，在根本上体现的是投资区位选择的过程。从中国的情况来看，改革开放以来，中国各地区的产业发展不均衡状态产生的一个重要原因就在于中西部欠发达地区较低的投资回报率进一步加剧了资本要素向东部发达地区的流动和集聚，从而陷入一种"贫困的恶性循环"。

　　要素流动引发产业集聚和扩散。产业的集聚和扩散是一种经济活动过程中的空间现象。产业在发展的过程中，无时无刻不在同周边甚至更远地理空间的产业活动产生联系。主要原因在于，市场经济进一步强化了区域间的联系，人力、物力、资金以及信息、技术等要素的自由流动构成了区域间的社会经济往来。可以说流动要素的量越大，地区间的联系也就越为紧密，在空间上反映出相邻地区的产业集聚。因此，产业集聚可以借助要素流动性观点解释为要素在空间上的集聚现象。产业集聚现象产生于市场和非市场竞争因素的共同作用。各要素通过相互作用，推动着产业经济和技术的变迁。产业的集聚和扩散机制作用过程表现为产业发展过程中要素变化带来的"洼地效应""自我集聚效应""锁定效应"。具体表现为：第一，"洼地效应"的产生源自吸引要素流入和集聚，形成要素洼地，扩大产业规模。第二，"自我集聚效应"产生于流动性要素对规模经济的追逐，以降低搜寻成本。规模经济增加了新增要素的边际收益，引发生产要素自发流向具有经济规模的产业或地区。另外，要素在流动过程中也在不断地搜寻产业和空间上的目标，搜寻成本不断增加，而具有相似性的要素在空间上的集聚对降低搜寻成本具有良好的"示范效应"。第三，"锁定效应"的产生，主要是通过防止生产要素的流出，从而保障产业发展所需的要素条件。

　　要素结构决定产业结构。财政支出引导企业优化其要素投入结构，致力于技术、产品结构升级，以适应市场要素禀赋转换环境。因为市场环境中的要素禀赋决定了企业的要素投入结构，而要素结构又决定了产业结构动态演进。要素在产业内部以及地区间的自由流动是产业结构调整的重要特征。要素流动一方面能带动闲置生产要素参与生产活动，另一方面能带动要素的数量、结构以及种类在产业内部的变化。具体来看，生产要素的快速流动加快推动了产业集聚形成，同时要素投入结构的优化，又能提升全要素生产率，推动产业结构升级。

然而，在现实当中，生产要素在区域间无法实现完全自由、高效地流动，除了存在自然屏障的约束外，人为制造的壁垒和制度障碍的影响在交通、信息技术日益发达的当前显得越来越明显。例如，受政治和经济双重激励模式的影响，过分追逐单体利益的行政区划经济依旧普遍存在，常表现为基础设施领域的重复建设、产业结构趋同等问题。在要素的使用上，低效率的竞争阻碍了要素的自由流动和高效利用，是一种干预要素天然逐利本性的非市场行为，显然是不利于区域整体经济效率的提升。因此，立足于区域发展的现实，构建促进区域间要素自由流动的有效机制显得尤为重要。

成熟的区域产业发展模式应遵循产业发展的市场运转机制。在市场机制引导下，要素的跨区域流动加深了各地区产业发展的相关程度，推动着要素结构的不断调整和优化。与此同时，出于区域间经济水平和协作水平的实际差异，区域间的合作应定位于在市场机制主导调控的基础上实施政府行为，通过政府间的协作破除要素自由流动的人为壁垒和制度性障碍。

3.6.3　空间自相关检验

莫兰指数是用来检验变量是否存在空间相关性的常用工具。其中，全局莫兰指数主要用于检验变量在整体上的空间自相关性；而局部莫兰指数主要用于检验具有相同属性值的邻近局部区域单元的相关程度，高属性值表示具有相似变量空间单元的空间集聚，低属性值则表示不相似变量空间单元的空间集聚。接下来将结合使用全局莫兰指数和局部莫兰指数来考察地方财政支出竞争和要素禀赋结构在空间上的聚集程度。

1. 全局莫兰指数分析

为了认识地方财政支出竞争和要素结构在空间分布上的动态发展规律，表3－8测算了2011～2015年各变量的全局莫兰指数，且均在5%的置信水平上显著，表明地方财政支出竞争和要素结构具有显著的空间聚集特征。此外，2011～2015年，全局莫兰指数整体呈现波动中上升的走势，说明省域间的财政支出竞争、要素结构在空间上的依赖性得到不断加强。

表3－8 　　　　　2011～2015年变量空间自相关莫兰指数及其Z值

年份	财政支出竞争强度		要素禀赋结构指数	
	莫兰指数值	统计量 $Z(I)$	莫兰指数值	统计量 $Z(I)$
2011	0.30	2.70	0.20	2.71
2012	0.33	2.64	0.21	2.71
2013	0.37	2.59	0.26	2.95
2014	0.37	2.88	0.39	2.55
2015	0.46	2.86	0.43	2.56

年份	教育支出		科学技术支出	
	莫兰指数值	统计量 $Z(I)$	莫兰指数值	统计量 $Z(I)$
2011	0.36	2.54	0.22	2.08
2012	0.34	2.58	0.27	2.91
2013	0.33	2.61	0.32	2.15
2014	0.39	2.55	0.31	2.85
2015	0.41	2.73	0.40	2.50

年份	一般公共服务支出		政府投资性支出	
	莫兰指数值	统计量 $Z(I)$	莫兰指数值	统计量 $Z(I)$
2011	0.27	2.00	0.24	2.67
2012	0.29	2.32	0.26	2.31
2013	0.30	2.32	0.29	2.64
2014	0.29	2.64	0.32	2.15
2015	0.32	2.15	0.37	2.88

注：莫兰指数的测算采用了地理距离空间权值矩阵。

2. 局域空间相关性LISA分析

为了进一步揭示各变量指标空间分布特征的显著性，本部分进一步测算了各变量指标 2011 年和 2015 年的局部莫兰指数，发现各省域均通过 5% 显著性检验。其中，显著高—高区域代表了高水平与高水平相邻的集群型；显著低—低区域代表了低水平和低水平相邻的集群型；显著低—高区域代表了低水平省份被高水平的相邻省份包围型；显著高—低区域代表了高水平的省份被低水平的相邻省份包围型。

（1）资本—劳动要素禀赋结构的集聚情况。以 2015 年为例，中国省域资本—劳动要素禀赋结构形成了几个较为明显的聚集区。"高—高"聚集为分布特征的省份共有 5 个，分别为新疆、青海、宁夏、内蒙古、陕西。其中，高资本—劳动要素禀赋聚集区主要有两个：一是以新疆为中心，与青海一同形成的聚集区；二是以内蒙古为中心，与宁夏、陕西一同形成的聚集区。而呈现出"低—低"聚集分布特征的省份共有 7 个，分别为河南、安徽、江西、湖南、湖北、广西、贵州，且主要以中部省份为中心，呈现集中连片的形态。聚集中心的形成说明了中国地方资本—劳动要素禀赋结构存在显著的空间依赖性。此外，从时序上看，2011～2015 年全国呈现出"高—高"聚集区和"低—低"聚集区数量均减少的演进态势，说明空间集聚效应在逐步地缩小。

（2）财政支出竞争的集聚情况。以 2015 年为例，呈现"高—高"集聚特征的地区包括了青海、新疆、甘肃、宁夏、贵州、云南、广西、黑龙江、吉林等地区，主要形成了以甘肃、贵州以及黑龙江为中心的三个集聚区。而呈现出"低—低"聚集特征的地区包括了北京、天津、山东、上海、浙江、江苏、广东、福建、山西、陕西等地区，主要形成了以北京、山西为中心，以及东部沿海地带的长三角和珠三角集中连片式的集聚区。可以看出，"高—高"集聚区主要以欠发达地区为主，而"低—低"聚集区主要以沿海发达地区为主，说明西部欠发达地区相对于东部发达地区具有更为强烈的财政支出竞争意愿。另有较多的东、中、西部地区呈现出"高—低"集聚和"低—高"集聚的特征。以上集聚特征在一定程度上揭示了中国地方财政支出竞争空间分布的非均衡分布特征，同时也反映了全国各地区财政支出竞争具有显著的空间依赖性。

（3）结构性财政支出的集聚情况。教育支出和科学技术支出形成了大致以北京、上海、广东和内蒙古为中心的"高—高"聚集区，以及以青海、贵州为中心的"低—低"聚集区，这与各地区产业生态化水平的集聚特征高度吻合。一般公共服务支出呈现"高—高"聚集特征的地区包括了湖南、湖北、江西、河南、贵州，以中西部地区为主；而呈现出"低—低"聚集特征的地区包括了北京、天津、上海、浙江、江苏、广东、青海、内蒙古、甘肃，以东部地区为主。政府投资性支出呈现"高—高"聚集特征的地区包括江西、贵州、青海、宁夏、内蒙古、黑龙江、吉林、甘肃；呈现"低—低"聚集特征的地区有新疆、辽宁、北京、天津、安徽、江苏、广东。此外，从时序上看，2011～2015年教育支出和科学技术支出呈现出"高—高"聚集区数量和"低—低"聚集区数量同时增加的演进态势，说明中国省域间教育支出和科学技术支出的差距都存在逐步扩大的趋势。而一般公共服务支出和政府投资性支出的"高—高"和"低—低"聚集区在变化数量上相对较为稳定。

3.6.4 空间溢出效应实证检验与结果分析

经过前面的理论、机理分析以及空间自相关检验，初步发现财政支出与产业结构升级（主要是要素禀赋结构升级）存在空间自相关性。接下来，本书将借助已设定好的空间杜宾模型，分别就财政支出总量和结构对要素禀赋结构升级的空间溢出效应展开实证检验。

1. 指标选取及数据说明

（1）指标的选取和测算。

因变量：产业结构升级（*Upgrade*）。经前文理论分析，我们得出产业结构升级的实质在于要素禀赋结构升级，据此，对于产业结构升级的量化，本书采用要素禀赋结构升级予以替换，并且依据生产函数，以资本—劳动比（K/L）表示（黎峰，2014、2015；刘胜等，2016）。即采用资本存量与劳动力数量的比值来加以衡量，比值越大，说明高级要素相对于传统要素的丰裕度越高，要素结构升级程度也就越为明显。在本章3.5节，我们已经测算出中国省级地方的要素禀赋结构升级指数，测算结果通过表3-3给出。

自变量。地方财政支出是地方政府为了实现其职能，有计划地对所筹集的财政资金进行分配使用的总称，体现了政府活动的范围和方向。本书的核心解释变量包括地方财政支出总量竞争和结构竞争两个方面。其中，支出总量竞争（*FEC*）指标选择"各省级财政支出同省级财政收入的比值"予以表示，比值越大说明地方政府竞争的强度越强；结构性支出竞争选择节能环保支出（*EPE*）、科学技术支出（*STE*）、一般公共服务支出（*PSE*）、政府投资性支出（*GIE*）分别占各省财政支出总额的比重表示（储德银，2014），占比越大说明地方政府在该项支出上相对具有更为积极的竞争动机。其中，政府投资性支出主要包括了农林水事务、交通运输、资源勘探电力信息等事务支出。

控制变量。控制变量主要包括"全社会固定资产投资""对外开放程度""人力资本水平""城市化水平""经济发展水平"，此处不再赘述。

（2）数据说明。

本书采用2011～2015年中国31个省份的面板数据展开实证研究，并以2011年为基期，经过价格指数换算，消除了价格因素的影响。全部数据均来自各省份历年统计年鉴、《中国统计年鉴》、《中国财政年鉴》、《中国科技统计年鉴》，以及 EPS、中经网数据库。各变量指标的统计性描述如表3－9所示。

表3－9　　　　　　　　　　指标统计性描述

变量	平均值	标准差	最小值	最大值	样本数
要素禀赋结构指数（元/人）	10.8437	0.3996	9.7883	11.7901	155
财政支出竞争	2.47	1.82	1.07	13.84	155
教育支出（%）	16.54	2.70	9.89	22.22	155
科学技术支出（%）	1.87	1.36	0.37	6.58	155
一般公共服务支出（%）	10.13	2.40	4.20	17.80	155
政府投资性支出（%）	27.36	4.15	17.11	39.99	155
全社会固定资产投资（%）	76.29	21.66	25.29	132.83	155
对外开放程度	0.30	0.35	0.04	1.55	155
人力资本水平	0.0181	0.0053	0.008	0.0335	155
城市化水平（%）	53.87	13.91	22.67	89.60	155
经济发展水平（元）	44566.89	21267.44	13119.00	107960.10	155

2. 模型的设定

财政支出竞争通过调整政府公共服务的供给总量和结构，从而直接或间接地影响产业结构升级。为了考察财政支出竞争对产业结构升级在空间上的影响方向和程度，本书采用空间杜宾模型的一般形式（Lesage，2009），且设定面板数据模型为：

（1）财政支出总量竞争模型：

$$\ln LC_{it} = c + \rho \sum_{j=1}^{30} w_{it} \ln LC_{it} + \beta_1 \ln FEC_{it} + \beta_2 \ln FAI_{it} + \beta_3 \ln OPEN_{it} + \beta_4 \ln HC_{it}$$
$$+ \beta_5 \ln UL_{it} + \beta_6 \ln GDP_{it} + \theta_1 \sum_{j=1}^{30} w_{it} \ln FEC_{it} + \theta_2 \sum_{j=1}^{30} w_{it} \ln FAI_{it}$$
$$+ \theta_3 \sum_{j=1}^{30} w_{it} \ln OPEN_{it} + \theta_4 \sum_{j=1}^{30} w_{it} \ln HC_{it} + \theta_5 \sum_{j=1}^{30} w_{it} \ln UL_{it}$$
$$+ \theta_6 \sum_{j=1}^{30} w_{it} \ln GDP_{it} + \mu_i + \lambda_i + \varepsilon_{it} \tag{3.15}$$

（2）财政支出结构竞争模型：

$$\ln LC_{it} = c + \rho \sum_{j=1}^{30} w_{it} \ln LC_{it} + \beta_1 \ln EE_{it} + \beta_2 \ln STE_{it} + \beta_3 \ln PSE_{it} + \beta_4 \ln GIE_{it}$$
$$+ \beta_5 \ln FAI_{it} + \beta_6 \ln OPEN_{it} + \beta_7 \ln HC_{it} + \beta_8 \ln UL_{it} + \beta_9 \ln GDP_{it}$$
$$+ \theta_1 \sum_{j=1}^{30} w_{it} \ln EE_{it} + \theta_2 \sum_{j=1}^{30} w_{it} \ln STE_{it} + \theta_3 \sum_{j=1}^{30} w_{it} \ln PSE_{it}$$
$$+ \theta_4 \sum_{j=1}^{30} w_{it} \ln GIE_{it} + \theta_5 \sum_{j=1}^{30} w_{it} \ln FAI_{it} + \theta_6 \sum_{j=1}^{30} w_{it} \ln OPEN_{it}$$
$$+ \theta_7 \sum_{j=1}^{30} w_{it} \ln HC_{it} + \theta_8 \sum_{j=1}^{30} w_{it} \ln UL_{it} + \theta_9 \sum_{j=1}^{30} w_{it} \ln GDP_{it} + \mu_i + \lambda_i + \varepsilon_{it}$$
$$\tag{3.16}$$

其中，i 和 t 表示第 i 个省份在第 t 年时的数据，被解释变量 LC_{it} 表示要素结构升级；解释变量 FEC_{it} 表示财政支出总量竞争，EE_{it}、STE_{it}、PSE_{it}、GIE_{it} 分别表示教育支出竞争、科学技术支出竞争、一般公共服务支出竞争、政府投资性支出竞争；控制变量 FAI_{it}、$OPEN_{it}$、HC_{it}、UL_{it}、GDP_{it} 分别表示全社会固定资产投资、对外开放程度、人力资本水平、城市化水平、经济发展水平；θ_1 到 θ_9 表示各解释变量和控制变量的溢出效应，为正数时意味着存在正向的溢出效应，为负数时意味着存在负向的溢出效应；ρ 是空间回归系数，表示样本观测值相互间的依赖作用，在本书也就是一省份的观测值对其相邻省域产业生态化观测值的影响；μ_i 为随机误差项。为了避免可能存在的共线性问题，所有变量均取对数。

空间权重矩阵的设置尤为关键。由于产业发展状况和所处的空间地理位置关联紧密，空间地理位置相邻的产业群之间的财政投入强度往往具有强烈的相关性。本书借鉴余泳泽和刘大勇（2013）的有关地理距离权重矩阵的研究来构建空间权重矩阵，主要依据地理学定律：地理上的距离同相邻事物间联系的紧密程度成反比。w_{ij} 表示空间权重矩阵，即当省份 i 和省份 j 为邻近省份时，w_{ij} 取值为1；但当省份 i 和省份 j 不为邻近省份时，w_{ij} 取值为0。

第一，财政支出竞争对要素禀赋结构升级的空间效应。

财政支出竞争对要素禀赋结构影响的 SDM 模型估计结果，如表 3 - 10 所示。

表 3 - 10　　　　　财政支出竞争（*FEC*）对要素禀赋结构（*LC*）
影响的 SDM 模型估计结果

自变量	要素禀赋结构（*LC*）							
	全国		东部		中部		西部	
	(1)	(2)	(3)	(4)	(5)	(6)	(7)	(8)
$W \times \ln FEC$	- 1.097 **	- 0.835 **	0.847 *	1.095 ***	- 0.493 **	- 0.62 *	0.752 **	0.429 *
	(0.511)	(0.389)	(0.503)	(0.458)	(0.402)	(0.372)	(0.376)	(0.494)
$W \times \ln FAI$	—	0.246	—	1.372 ***	—	- 1.099 **	—	- 0.667 *
		(0.481)		(0.492)		(0.512)		(0.387)
$W \times \ln OPEN$	—	0.559	—	3.734 ***	—	- 0.835 **	—	- 0.095
		(0.488)		(0.445)		(0.389)		(0.887)
$W \times \ln HC$	—	1.710 ***	—	0.734	—	- 0.699 *	—	- 0.707 *
		(0.531)		(0.550)		(0.398)		(0.410)
$W \times \ln UL$	—	0.246	—	1.715 ***	—	0.756 **	—	0.705 *
		(0.481)		(0.615)		(0.378)		(0.411)
$W \times \ln GDP$	—	0.700	—	1.372 ***	—	- 1.099 **	—	- 0.879 *
		(0.611)		(0.492)		(0.512)		(0.510)
ρ	0.958 *	2.239 ***	1.152 *	2.768 ***	0.948 *	0.83 *	1.092 **	2.49 ***
	(0.548)	(0.470)	(0.659)	(0.581)	(0.558)	(0.498)	(0.548)	(0.483)
R^2	0.967	1.078	0.878	0.748	0.778	0.997	0.849	0.989
Log L	257.2	267.68	236.15	268.22	217.08	252.62	269.43	279.19

注：*、**、*** 分别表示在10%、5%、1%的水平上显著。方程（2）、方程（4）、方程（6）、方程（8）均控制了控制变量。

全样本条件下，$W \times \ln FEC$ 的系数为 -0.835，在 5% 水平下具有显著性，表明财政支出竞争对要素结构升级存在显著的负向空间溢出效应。政府竞争主要是通过资本要素的扩张得以展开，能显著地促进资本要素的集聚（邱磊，2017），且中国中西部地区的政府竞争动力机制属于要素驱动型，而东部地区的政府竞争机制正逐步转换为创新驱动型。但实证检验结果表明，财政支出竞争不利于要素结构升级，可能有两方面原因。一方面，为追求经济增长，地方政府间在经济水平、要素禀赋条件以及产业发展状况等方面的差异可能会被地方政府所忽视，从而对其他地区的财政和产业政策进行刻意模仿，并最终引发其他地区的连锁竞争反应，甚至是恶性竞争。另一方面，在标杆竞争的驱使下，若邻近地区或产业发展水平相近地区借助财政支出政策引导资本要素流入，本辖区为避免资本要素过度流出，同样会采取相应的政策手段，最终导致相互间的竞争策略趋同。如此为争夺资源要素而展开的政府竞争，易造成财政资源的损耗，在产业升级过程中出现政府供给不足等问题，不利于产业的可持续发展。

分区域样本条件下，东、中、西部 $W \times \ln FEC$ 的系数分别为 1.095、-0.62、0.429，均通过显著性检验，表明财政支出竞争在东西部区域对要素结构升级产生正向空间溢出效应，但在中部地区却表现出负向的空间溢出效应。东部发达地区已基本摆脱行政主导的经济增长模式。为提高经济增长质量，主要通过制度创新致力于投资软环境建设，依靠公共品的供给引导要素资源流入，地方政府同企业一道积极参与地区专业化水平的提升，形成竞争性合作的良好局面。中部地区由于依靠制度创新完善投资软环境的能力有限，直接决定了其对资本要素的吸引能力不足，限制了财政支出政策乘数效应的外溢。与此同时，由于缺乏对自身优势的清楚认识，产业发展常依赖于地方保护主义。中国西部地区具有劳动力要素充足，但资本要素欠缺的要素禀赋结构特点。然而，区域经济增长在很大程度上受资本存量的约束，西部地区内部竞争更多地表现为对相对稀缺的资本要素的竞争。东部沿海地区的产业转移给西部地区带来了大量资本流入，势必引发西部地方政府间为承接产业转移展开激烈竞争。总的来看，财政支出竞争有助于改善西部地区整体要素禀赋状况。

第二，财政结构性支出竞争对要素禀赋结构升级的空间溢出效应。

财政结构性支出竞争对要素禀赋结构影响的 SDM 模型估计结果，如表 3-11 所示。

表 3-11　　　　　　财政结构性支出竞争对要素禀赋结构（CL）影响的
SDM 模型估计结果

自变量	要素禀赋结构（CL）							
	全国		东部		中部		西部	
	（1）	（2）	（3）	（4）	（5）	（6）	（7）	（8）
$W \times \ln EE$	0.424 （0.316）	0.035 （0.338）	−0.510* （0.255）	−0.422* （0.235）	0.450** （0.225）	0.748*** （0.294）	0.638* （0.377）	2.024*** （0.562）
$W \times \ln STE$	0.537 （0.468）	0.376 （0.395）	0.842*** （0.252）	0.933*** （0.302）	0.019 （0.757）	0.346 （0.553）	0.192 （0.380）	0.559 （0.449）
$W \times \ln PSE$	−0.508* （0.338）	−0.975** （0.454）	−0.626* （0.358）	−0.76** （0.354）	−0.510* （0.255）	−0.422* （0.235）	−0.323* （0.215）	−0.582** （0.281）
$W \times \ln GIE$	−0.643* （0.428）	−0.975** （0.454）	0.033 （0.291）	0.019 （0.757）	0.45** （0.225）	0.748*** （0.294）	−0.626* （0.358）	−0.76** （0.354）
$W \times \ln FAI$	—	−0.623* （0.360）	—	0.816* （0.482）	—	0.033 （0.291）	—	0.36 （0.660）
$W \times \ln OPEN$	—	−0.543 （0.442）	—	3.634* （0.346）	—	−0.822** （0.395）	—	0.306 （0.442）
$W \times \ln HC$	—	0.682** （0.341）	—	1.615*** （0.372）	—	0.619* （0.354）	—	0.823** （0.402）
$W \times \ln UL$	—	0.768* （0.424）	—	0.884** （0.440）	—	0.067* （0.353）	—	1.078*** （0.263）
$W \times \ln GDP$	—	0.706* （0.395）	—	−0.897* （0.513）	—	0.816** （0.413）	—	0.360 （0.660）
ρ	0.888* （0.535）	4.198*** （0.500）	2.077*** （0.435）	0.897* （0.513）	1.238* （0.725）	0.992** （0.496）	2.310*** （0.448）	1.004** （0.504）
R^2	0.686	0.678	0.776	0.647	0.909	0.739	0.668	0.900
Log L	260.57	273.31	316.54	269.01	292.23	270.85	278.34	305.63

注：*、**、***分别表示在10%、5%、1%的水平上显著。方程（2）、方程（4）、方程（6）、方程（8）均控制了控制变量。

● 教育支出

全样本条件下，$W \times \ln EE$ 的影响系数为 0.035，表明地方教育支出竞争具有正向空间溢出效应，但不显著。一地区教育支出的增加，会增加人力资本积累速度，提升该地区人力资本水平。并通过进一步强化同周边地区在信息流通、技术合作等领域的往来，改善区域社会经济发展环境。从标尺竞争理论视角也可解释为：当其他地区增加教育投入时，本地区政府出于政治晋升考虑，通过策略模仿也会增加教育支出，以向上级传递"努力"的信息，从而促使地区间形成教育支出的正相关。但从检验结果来看，这一正向溢出效应并不显著，可能是由于教育支出对人力资本积累的促进效应具有多期滞后的特征（张建清、张燕华，2014）。因此，教育支出对人力资本的积累具有正向的空间溢出效应，但从检验结果来看，可能由于滞后性的存在，并未表现出显著的特征。

分区域样本条件下，$W \times \ln EE$ 的影响系数在东、中、西部区域分别为 -0.422、0.748、2.024，均通过显著性检验，表明财政支出竞争在中西部区域对要素结构升级产生正向空间溢出效应，但在东部地区却表现出负向的空间溢出效应。东部区域的政府教育投资有趋于饱和的可能。该地区在义务教育、职业教育以及高等教育领域已具备较高的资本积累，单纯增加教育投入规模的发展模式已不可取，易削弱教育投入的边际效益，而应当进一步地从优化教育投入结构入手，提升教育资金的运行效率。教育支出在中部地区表现出一定的正向空间溢出效应，说明中部省份教育支出的增加对周边其他省份产生了正向的外部效应。因此，在政府教育投入结构合理的前提下，可适当地进一步增加教育支出的规模。西部地区的教育水平落后于东部和中部地区，对于通过增加教育支出促进人力资本积累，充分发挥支出的正外部效应和示范效应，提升地区整体教育水平仍具有较大空间。

● 科学技术支出

全样本条件下，$W \times \ln STE$ 的影响系数为 0.376，表明地方科学技术支出对要素结构升级具有正向空间溢出效应，但不显著。总的来说，科学技术支出有助于资本要素的集聚，但科技支出主要通过研发投入直接体现在对研发机构的支持上，从投入到产出融入新技术的新产品需消耗一定的周期，同时一些投向基础领域的投入成果无法最终运用于新产品的生产，导致科学技术资金的作用效果并不显著。

分区域样本条件下，$W \times \ln STE$ 的影响系数在东、中、西部区域分别为 0.933（显著）、0.346（不显著）、0.559（不显著），表明科学技术支出在东、中、西部区域对要素结构升级产生正向空间溢出效应，但在中、西部区域未通过显著性检验。一方面，东部省份的科学技术支出在知识外溢机制的作用下，进一步强化了省域间的经济联系，有助于区域整体科技资本要素结构的提升；另一方面，该地区较好的知识产权保护氛围为深化相互间的科技资本合作提供了保障。中西部区域科学技术支出竞争的空间溢出效应不显著。分税制以来，邻近地方政府间的支出竞争变得尤为激烈，但往往采取人为设置要素壁垒和分割市场的方式展开竞争，目的在于避免要素资源的过度流失，致使自身在要素资源的争夺中处于不利地位，这一特征在中西部地区表现得尤为明显（李寒娜，2014）。保护主义措施的实施直接削弱了中西部地区内部科技投入带来的知识外溢，不利于正外部性的扩散。

● 一般公共服务支出

$W \times \ln PSE$ 在全国以及东、中、西、部区域的影响系数分别为 -0.975、-0.76、-0.422、-0.582，且均通过显著性检验。表明一般公共服务支出对要素结构升级具有负向的空间溢出效应。一方面，以政府行政管理费为主要内容的一般公共服务支出的增加，对企业和家庭生产产生了挤出效应（贾敬全、殷李松，2015），并通过向邻近地区的进一步扩散，产生负面的空间溢出效应。另一方面，此类支出的增加很可能意味着行政效率的下降和寻租现象的增加，进而恶化竞争环境，诱发地方保护主义。

● 政府投资性支出

全样本条件下，$W \times \ln GIE$ 的影响系数为 -0.975，且在 5% 水平上通过显著性检验，表明地方政府投资性支出对要素结构升级具有负向空间溢出效应。财政分权改革以来，在经济增长和政治晋升的双重压力下，地方政府间展开投资竞赛，主要表现为：一地区基础设施建设领域投资性支出的增加诱发了周边邻近地区的策略模仿，跟进增加基础设施建设领域投入，导致其他生产性支出被挤占，造成邻近地区要素结构扭曲，从而不利于产业结构升级。

分区域样本条件下，$W \times \ln GIE$ 在东、中、西部的影响系数分别为 0.019（不显著）、0.748（显著）、−0.76（显著）。在现代经济增长理论中，资本积累是区域经济产生差异的根本原因，欠发达地区由于资本存量不足，导致其经济增长速度缓慢，与发达地区的经济差距逐步被拉大。东部地区的基础设施投资建设已趋于饱和，投资带来的经济增长边际效应逐步减小，相互间的标杆竞争效应对于进一步拉动投资增加效果有限。政府投资性支出竞争对中部地区的工业集聚具有积极影响，地区基础设施建设领域支出的增加，改善了企业投资的基础设施环境，为企业投资的流入提供了有利条件。随着工业集聚外部性在地区间的扩散，地区间的引资竞争又往往促进了高新技术开发区和工业区的形成，从而扩大了投资的乘数效应，产生规模效应。在西部地区，增加政府投资性支出的政府行为更容易引发周边其他地方的相继策略模仿（伍文中，2010；张光南等，2013）。由于西部地区改善基础设施建设的需求远大于东部和中部地区，而资本丰裕度又严重不足，远不能满足现实需求，同时也使对资本要素资源的争夺更为激烈。但该地区较为普遍的囚徒困境式的竞争博弈对竞争各方均产生了不利影响。

控制变量的空间效应并非本书考察的重点，在此不做赘述。

3.7　结论与政策建议

3.7.1　研究结论

本章采用 2011～2015 年中国 31 个省份的面板数据，借助两种计量估计模型实证检验了地方财政结构性支出对要素禀赋结构升级的效应。

主要结论如下：教育支出对要素禀赋结构升级的促进作用未得到充分发挥，原因可能在于教育支出的滞后性，以及中国人力资本市场尚不成熟；科学技术支出的促进作用有限，除了支出效果的滞后性原因外，可能还与地方科技创新缺乏原创性的基础和氛围有关；一般公共服务支出显著抑制了要素禀赋结构升级，主要受限于其非生产性的纯消耗性支出属性；

政府投资性支出对要素禀赋结构升级的抑制作用显著，可能源自地方政府的过度干预，主要表现为对经济建设领域的投资狂热，以及长期对国有工业企业的"父爱式"援助。

发挥财政支出政策的乘数效应和引导功能应协调好政府与市场的关系。要素配置的市场化程度是产业结构升级的先决条件。当前，政府仍然拥有要素配置的主导权，且配置扭曲、低效的现象时有发生，这就需要政府职能从市场干预型向市场服务型转变。与此同时，财政政策的支持是产业结构升级可持续的重要保障，以弥补市场机制在协调产业结构过程中作用范围有限、调节效果不足等缺陷。但财政支出政策对产业结构升级的影响效果也并非绝对，而是更多地取决于各地区的要素禀赋实际，此时，财政支出政策的合理制定和有效实施就显得尤为关键。

3.7.2　政策建议

新时期，财政支出结构的优化应以"五大发展理念"为指导，在提升经济增长质量过程中发挥重要作用。

第一，转变调控思路。在"开放""共享"理念指导下，坚持市场为导向、企业为基础的定位，充分发挥财政支出政策对生产要素在区域间合理流动和有效整合的引导功能，加强区域间经贸、技术的交流与合作，规避地方保护主义财政行为，实现市场机制作用下优胜劣汰的要素结构升级路径。具体表现为：一是应从扩大投资规模向消解过剩产能转变；二是要从单一依靠支出总量增长向优化支出结构转变。通过充分发挥支出政策的结构效应，以提升产业结构升级的质量和效率，避免因"一刀切"扩大生产性支出，而挤占了非生产性支出的盲目行为。

第二，就教育支出对促进要素禀赋结构升级作用有限的问题，可尝试从内部支出结构角度加以改进。具体而言，应坚持协调发展，优化对职业教育和高等教育的投入结构，注重提升教育资源结构与产业结构的耦合度，引导技能型高素质人才和综合素质人才对接产业结构升级需求。

第三，以创新理念指导支出结构优化，进一步加大对企业、科研机构等创新主体的扶持力度，以扩大产业研发效应，形成长效机制，为产业发展提供可持续的原始创新动力。另外，在投入方式上，应合理、有效引导社会资本流入，拓宽研发资金融资渠道，以缓解企业自身和政府资金压力。此外，在投入方向上应更多地向战略性新兴产业领域倾斜，以发挥对其前后向产业的联动效应。

第四，严控一般公共服务支出规模，提升行政效率。一般公共服务支出的收益范围有限，过快增长易扭曲财政支出结构，损害财政支出的协调性和可持续性。通过合理界定政府部门职能范围，明晰事权和支出责任，在适当压缩行政管理费的同时，提高资金的使用效率，避免政府对经济的过度干预而增加财政负担。

第五，树立"淘汰落后产业、改造传统产业、激励新兴产业"的政府投资性支出策略总体目标。首先，通过对政府投资总量的有效控制，避免政府投资行为过强而弱化市场主体地位；同时积极开展政府资金与社会资本协作，发挥财政资金对社会资本的引导功能。其次，通过调整预算支出结构来理顺各投资分项的比例关系，做到有进有退：一是逐步从具有经营性和竞争性特征的领域退出归还市场，并逐步扩大对非营利性和非竞争性公共领域的投资；二是以间接方式对"市场失灵"领域重点投资，着力扶持新兴产业；三是重新审视地方政府的经济职能。中国社会的主要矛盾已发生深刻变化，热衷于城市基建和工业经济建设而忽视公共产品供给和服务的政府行为已不符合国情，政府投资性支出亟待向公共服务性支出转变，从而避免对具有长期正外部性的"软公共品"支出的挤占，以保障"绿色""协调"理念在优化支出结构问题上得以贯彻。此外，还应进一步明确政府投资责任主体，引入利益非相关的第三方监督，构建科学民主的政府投资决策管理体制。

第4章

地方财政支出对产业生态化的空间效应

4.1 引言

　　随着循环经济时代的到来，西方国家所倡导的"绿色新政"已掀起了生态经济的浪潮，产业生态化已成为西方国家的物质基础和技术保障。中国粗放型的产业发展方式引致的增长动力不足、生态环境恶化等问题已趋于影响社会经济发展的全局，尤其在当前"三期叠加"（经济增速换挡期、结构调整阵痛期、前期刺激政策消化期）的严峻时期，如何在产业升级进程中把握生态化，同时以生态化倒逼产业升级，转换动能形成新的经济增长点，实现经济、社会与生态效益协调统一，已成为产业发展的新课题。

　　关于产业生态化的概念，比较有代表性的有知识经济论（王如松等，2000）、全过程论（郭守前，2002）、有机循环机理论（陈柳钦，2006）、循环模式论（赵林飞等，2007）等。尽管以上认识基于不同的学科背景，但存在一个共识，即应以减量化、再利用、再循环为原则的循环经济思想来指导产业生态转型。

　　推进产业生态化具有强烈的财政投入驱动特征（朱延福、薛金奇，2015）。财政支持作为机制性因素，对产业生态系统的稳定性存在积极影响。对此，众多学者从不同视角进行了论证。一是具备理论基础。生态产业所具有的正外部性、收益的长期性以及生态产品的公共品属性，为财政的介入提供了理论依据（赵书新，2009；黄万华，2010；卢方元，2015）。二是具备可借鉴经验。这是西方国家的一贯做法（张海星，2011）。三是具备现实需求。产业生态化是对工业活动负外部性的正反馈，具有显著的"绿色红利"和"蓝色红利"，财政应对这种正反馈予以资金支持（丁芸，2014；何代欣，2014）。

在产业生态化进程中也面临一系列公共财政问题。例如，支出总量不足（卢洪友，2014；卢福财，2014）、支出结构不尽合理（侯石安，2005；张悦、林爱梅，2015；王延杰，2015）、支出的区域不平衡（王广深、王金秀，2008）等问题。对于问题的解决，何代欣（2014）、杨芷晴和柳光强（2014）认为，在深化财政体制改革的大背景下，财政支出政策应具有新的内涵，需对政策质量进行系统的评估及科学地调试。对此，本书认为可从三方面展开：一是支出规模，反映政府推进产业生态化的力度；二是支出结构，体现支出方向的合理性；三是资金的使用效益，也是支出效果的最终呈现。

当前，政府投入规模引导了全社会对生态产业的投入水平，对社会资金具有引导功能（田淑英等，2016）。雷明（2013）、陈思霞等（2014）、卢洪友（2014、2015）进一步研究了财政支出结构对环境质量的影响，指出节能环保、教育等支出有助于改善环境质量，其中科技支出发挥了关键性作用，在优化支出结构时应扩大正外部性支出的环保效应。对于资金的使用效果，现有研究更多的是从财政分权角度考察。财政支出分权体现了中央政府和地方政府间公共服务的供给配置关系。国外一些学者开始关注结构性财政支出对邻近地区经济增长作用的空间差异性及溢出效应。例如，政府基础设施建设支出（Pereirad et al.，2003；Cohen et al.，2004；Jeffery et al.，2007）、公共教育支出（Lloyd-Ellis，2000）等。国内方面，王延杰（2015）强调了区域财政协同治理的重要性，因为地方环保支出既能改善本辖区的环境质量，也能对邻近辖区产生积极影响。但此类研究极为欠缺，国内研究较为普遍地忽视了财政支出政策的空间溢出效应。

综上所述，已有研究仍存在三点不足。（1）现有研究关注的多是财政同环境质量、环境污染的关系，但产业生态化的内涵不只是生态效益。
（2）现有研究多建立在地区间的政府行为是相互独立的假设基础之上，采用传统的计量回归模型来考察变量之间的关系而忽视空间因素的影响。产业在地理空间上的集聚是工业化进程中的一个显著特征（陶长琪，2017），同时产业的集聚往往也伴随着财政资金的集聚（郭庆宾、张中华，2017）。由于地区之间的竞争和效仿，使得相邻地区之间不再是相互独立的经济个体，不同地区的财政支出水平也会对邻近地区的产业生态化水平带来不同程度的影响，而产生空间溢出效应（雷明、虞晓雯，2013）。（3）国内外已有空间溢出效应的研究忽视了中国经济发展区域异质性和财政支出的结构性特征。

　　本章尝试采用2011～2015年30个省份的面板数据，从以下两个方面展开进一步研究：一是基于陆根尧等（2012）的产业生态化指标体系，分别从经济社会发展水平、生态保护水平、资源消耗水平、污染排放水平以及资源循环利用水平五个方面，对各省份的产业生态化指数进行测算；二是借助空间杜宾模型（SDM）分别从全国和东、中、西部区域，实证检验在"三期叠加"背景下，地方财政支出的总量和结构对产业生态化的空间溢出效应，并进一步对效应差异产生的原因进行解释。

4.2　空间效应的形成机理

　　由于外部性的存在，公共财政政策具有明显的外部溢出效应。财政支出政策通过地域辐射以及产业联动效应产生示范和拉动作用。生态产业市场发育程度较高的辖区往往可能对邻近地区的生态产业市场发育氛围产生激励性提升作用，进而形成流通互助、规模更大、更为成熟的市场。

4.2.1　生态要素跨区域流动

　　在相同的经济增长目标驱动下，差异化的要素禀赋和增长潜力诱导着地方政府间呈现出差异化的财政支出模式，对引导生态要素的跨区域流动发挥着重要作用。（1）政府与市场间的关系处理不当，易引发生态要素的跨地区流动。当邻近地区出现引导方向有误或缺乏准确性问题时，辖区对生态要素的需求可更多地从邻近地区获得补充，进而削弱了邻近地区的生态要素供给。而邻近地区为防止生态要素的流出，常采取与辖区相似的公共政策，从而引发竞争策略的趋同化，导致地方政府政策行为脱离了其自身的产业基础。（2）企业行为受市场价格机制影响，通过"用脚投票"对地方公共政策做出反应。为追求经营利润的最大化，企业更愿意在财政支出规模和结构合理的地区进行投资生产；对地方政府而言，合理的安排财政支出规模和结构能对地区间生态要素的合理配置和有效流动产生积极影响，有利于地区间产业生态化的协调推进。（3）在财政分权体制下，地方政府间权责归属模糊不清，也会引发邻近地区为争夺资源要素而产生产业连锁反应。因此，应在明晰政府与市场以及地方政府间在产业生态化进程中的角色定位的基础上，充分发挥财政支出政策在促进地区间生态要素高效流动与合理配置的作用，形成以财政支出政策引导，撬动生态要素在政策"高地"和"洼地"之间合理流动的调控模式。

4.2.2 经济发展水平和财政能力差异

地区间经济发展水平和财政能力的异质性影响着地方政府竞争性策略的选择、财政支出竞争敏感性以及竞争效应的程度。地理位置相邻或经济发展程度相当的地区更有可能展开相互竞争。而在经济发展程度不一的区域，竞争程度受到财力的影响，常常表现为：财力丰富，约束程度较小的地区更有可能展开竞争；而对于经济基础条件落后、财力欠佳的地区而言，常选择放弃相似的竞争模拟策略，转而采用异质化的竞争策略，且此类地区具有模仿能力强、扩散速度快等特点。可见，地区的生态产业发展会受到相邻地区经济水平、财力等因素的影响而存在空间溢出效应。地方间经济发展阶段、财政能力差异的显著存在，为地方政府间财政支出政策的区域协同配合提供了现实基础，但诸如"地方保护主义"等现象往往阻碍了区域协同治理的展开。

4.3　空间相关统计描述

4.3.1　财政支出与产业生态化的时空演变特征分析

2011～2015 年中国省级节能环保支出占比①的时空演变特征。分区域来看，无论是 2011 年还是 2015 年，中西部地区的节能环保支出占比要明显大于东部地区，主要原因在于中西部地区在资源环境领域的支出需求要远大于东部地区。五年间分布的空间格局略有变化，主要表现为比重较大的省份和比重较小的省份均略有增加，说明节能环保支出的空间非均衡格局呈现出扩大的趋势。具体来看，2011 年占比较大（4% 以上）的省份主要有宁夏（5.0%）、甘肃（4.8%）、吉林（4.7%）、青海（4.3%），占比较小（2% 以下）的省份主要有辽宁（1.9%）、天津（1.8%）、江西（1.7%）、福建（1.7%）、上海（1.3%）；到 2015 年占比超过 4% 的省份演变成青海（5.8%）、北京（5.3%）、河北（5.0%）、内蒙古（4.1%）、宁夏（4.0%）五省。若以 2011 年为基期，到 2015 年，增长最快的省份主要有北京（82.76%）、河北（66.67%）、福建（41.18%）、辽宁（36.84%）、青海（34.88%）、上海（30.77%）；下降最快的省份主要有甘肃（－33.33%）、广东（－28.57%）、湖北（－22.58%）、吉林（－21.28%）、新疆（－20.83%）、宁夏（－20%）、海南（－19.35%）。②近些年来，在环保问题日益突出的背景下，仍有较大部分省份的财政环保支出占比不增反降，本书认为可能的原因在于这些省份的财政支出结构存在支出偏向性问题，出现节能环保支出被经济建设性支出挤占的现象。

2011～2015 年中国省级产业生态化水平③的时空演变特征。不难看出，

①　财政支出竞争、科学技术支出、一般公共服务支出以及政府投资性支出的时空演变特征在第 3 章 3.6 节已作分析，故在此不再赘述。
②　根据《中国财政年鉴》（2011～2015 年）数据整理。
③　此处的"产业生态化水平"即为本章 4.4.1 节所测算得到的"产业生态化指数"。

中国省级产业生态化水平具有显著的区域性空间非均衡特征，表现为较为明显的东、中、西部区域差异性，呈现出"东部 > 中部 > 西部"的空间分布格局。时序上看，随着"三去一降一补"政策的提出，以及生态文明战略的进一步推，2011 ~ 2015 年全国产业生态化水平呈现出高水平地区数量增加、低水平地区数量减少的演进态势，说明中国产业生态化整体水平得到不断提升，地区间差距呈现逐步缩小的趋势。具体来看，2011 年产业生态化水平较高的省份有北京、天津、上海、广东、浙江、江苏，分别为54、46、45、44、44、44；较低的省份有宁夏、新疆、贵州、青海、甘肃，分别为36、36、35、34、33。2015 年最高的省份依然是东部沿海的发达省份，其中较高的有北京（58）、广东（45）、天津（44）、江苏（44）、上海（44）、浙江（44）、山东（44）；较低的有海南（37）、黑龙江（37）、甘肃（37）、云南（37）、青海（34）等地。[①] 若以 2011 年为基期，到 2015 年增长较快的分别为宁夏（16.67%）、内蒙古（13.16%）、甘肃（12.12%）、北京（7.41%），出现负增长的有海南（ - 7.5%）、天津（ - 4.35%）、辽宁（ - 2.5%）、上海（ - 2.22%）。因此，总体来看，2011 ~ 2015 年中国省级产业生态化水平的时空演变较为稳定，呈现出"东部 > 中部 > 西部"的空间格局。

4.3.2 空间自相关检验

莫兰指数是用来检验变量是否存在空间相关性的常用工具。其中，全局莫兰指数主要用于检验变量在整体上的空间自相关性；而局部莫兰指数主要用于具有相同属性值的邻近局部区域单元的相关程度，高属性值表示具有相似变量空间单元的空间集聚，低属性值则表示不相似变量空间单元的空间集聚（李晓嘉等，2016）。接下来将结合使用全局莫兰指数和局域空间相关性 LISA 指数来考察地方财政支出和产业生态化水平在空间上的聚集程度（见表 4 - 1）。

---

① 产业生态化水平由产业生态化指数表征，根据《中国统计年鉴》数据，经因子分析法加工计算获得。

表 4 - 1　　　　　　**2011～2015 年变量空间自相关莫兰指数及其 Z 值**

年份	节能环保支出		产业生态化指数	
	莫兰指数值	统计量 $Z(I)$	莫兰指数值	统计量 $Z(I)$
2011	0.30	2.88	0.23	2.40
2012	0.37	2.59	0.22	2.16
2013	0.34	2.64	0.26	2.10
2014	0.41	2.69	0.28	2.35
2015	0.43	2.88	0.29	2.64

注：莫兰指数的测算采用了地理距离空间权值矩阵。财政支出竞争、科学技术支出、一般公共服务支出以及政府投资性支出等变量的空间自相关莫兰指数及其 Z 值已在第 3 章 3.6 节通过表 3 - 8 给出，故在此不再赘述。

1. 全局莫兰指数分析

为了认识财政支出和产业生态化指数在空间分布上的动态发展规律，表 4 - 1 测算了各变量 2011～2015 年的全局莫兰指数，且均在 5% 的置信水平上显著，表明财政支出和产业生态化水平具有显著的空间聚集特征。此外，2011～2015 年的五年间全局莫兰指数整体呈现出在波动中上升的走势，说明省域间的财政支出和产业生态化水平在空间上的依赖性得到不断加强。

2. 局域空间相关性 LISA 分析

为了进一步地揭示环保节能支出和产业生态化水平空间分布特征的显著性，本书进一步测算了各变量 2011 年和 2015 年的局域空间相关性 LISA 指数，并将所有通过 5% 显著性检验的"高—高"聚集区和"低—低"聚集区予以展示。因地方财政支出竞争、科学技术支出、一般公共服务支出以及政府投资性支出的局域空间自相关 LISA 集群已在第 3 章作了分析，此处不再赘述。

（1）产业生态化水平集聚情况。以 2015 年为例，中国省域产业生态化水平形成了几个较为明显的聚集区。以"高—高"聚集为分布特征的省份共有 10 个，分别是北京、天津、上海、浙江、江苏、广东、福建、内蒙古、宁夏、重庆，且集中连片地带全部为东部沿海地区。其中，高生态化水平聚集区主要有三个：一是以北京为中心，与天津一同形成的聚集区；二是以上海为中心，与江苏、浙江一同形成的聚集区；三是以广东为中心，与福建一同形成的聚集区。这与中国环渤海、长三角以及珠三角经济圈的地理位置高度吻合。"低—低"集聚区主要有两个：一是以青海为中心，与临近的甘肃一同形成的聚集区；二是以贵州为中心，与临近的云南一同形成的聚集区。聚集中心的形成说明中国产业生态化水平存在显著的空间依赖性，同时也说明具有高产业生态化水平的东部沿海地区对低产业生态化水平的中西部地区的带动作用没有得到有效发挥。此外，从时序上看，2011~2015年全国呈现出"高—高"聚集区数量增加，"低—低"聚集区数量减少的演进态势，说明"高—高"集聚效应在逐步地扩大。

（2）结构性财政支出的集聚情况。节能环保支出和科学技术支出形成了大致以北京、上海、广东和内蒙古为中心的"高—高"聚集区，以及以青海、贵州为中心的"低—低"聚集区，这与各地区产业生态化水平的集聚特征高度吻合。此外，从时序上看，2011~2015年节能环保支出和科学技术支出呈现出"高—高"聚集区数量和"低—低"聚集区数量同时增加的演进态势，这说明中国省域间节能环保支出和科学技术支出的差距都存在逐步扩大的趋势。

中国产业生态化水平和财政支出竞争在地理分布上均呈现出不同程度的聚集特征，空间分布的非均衡性和依赖性较为显著。值得注意的是，在"高—高"聚集区和"低—低"聚集区的分布上，节能环保支出和科学技术支出同产业生态化水平呈现出大致相同的集聚区域，两者具有较强的相互依存关系。

4.3.3 研究假设的提出

通过以上初步分析，本书提出以下三点假设：

假设1：地方节能环保支出和科学技术支出对产业生态化水平产生正向空间溢出效应。

假设2：一般公共服务支出对产业生态化水平产生负向空间溢出效应。

假设3：财政支出竞争和政府投资性支出对产业生态化水平在空间上的影响不显著。

下面我们将借助空间杜宾模型对以上假设展开实证检验。

4.4　空间效应的实证检验

4.4.1　指标选取与数据说明

1. 指标的选取和测算

（1）因变量。产业生态化水平（IE），以各省份的产业生态化指数表示，下面将进一步对产业生态化指数进行测算。

（2）自变量。包括地方财政支出总量竞争和结构竞争两个方面。其中，支出总量竞争（FEC）指标选择"各省级财政支出同省级财政收入的比值"予以表示，比值越大说明地方政府竞争的强度越强。内生增长理论认为，财政支出对经济增长的促进作用，一定程度上取决于支出本身是否具有提供生产过程中所需要素的生产性特征（吕志华，2012），且一般认为具有生产性特征的支出有：政府投资性支出，能够直接向资本转化；科学技术支出，能改变资本边际产品递减趋势。此外，节能环保支出，是当前政府部门履行环境保护、污染治理以及节能减排等政府职能的重要财政政策工具。在结构性支出指标的选择上，本书选择节能环保支出（EPE）、科学技术支出（STE）、一般公共服务支出（PSE）、政府投资性支出（GIE），且分别以各项支出占各省份财政支出总额的比重表示（储德银、建克成，2014）。以上财政支出指标均与政府部门所公布的《中国财政年鉴》中的财政支出科目保持一致，其中，政府投资性支出主要包括农林水事务、交通运输、资源勘探电力信息等事务支出。需进一步说明的是，财政支出总量和结构性支出越大，意味着地方政府在该支出上的竞争也就越强。

（3）控制变量。为避免因遗漏变量而产生的内生性问题，本书控制了可能对产业生态化水平产生影响的其他变量。财政支出分权度（FD），用地方人均财政支出/（地方人均财政支出 + 中央人均财政支出）来表示，财政分权度主要是通过地方政府间的公共政策博弈来影响财政支出结构偏好，实现对产业生态化的间接影响。此外，还有以下市场机制下的经济因素：①市场化程度（DOM），用各省份国有及国有控股工业企业资产比重来表示，比重越高，市场化的程度越低（郝君富、文学，2013），进行逆向指标倒数化正向处理；②外商投资额（NFI），用各省份外商投资企业投资总额，经过美元兑人民币汇率换算后表示（丛建辉，2013）；③城镇化水平（UL），采用各省份城镇人口数同人口总数的比值表示（刘建民等，2014）；④经济发展水平（GDP），采用各地区人均 GDP，且为了消除可能存在的异方差，以取自然对数形式表示（刘建民、胡小梅，2017）。

产业生态化基本理论强调，产业生态化的实现必须将产业的发展同所依托的生态环境一道纳入一个整体进行考虑，并以经济、社会及环境领域的全面协调并最优化为最终目标。循环经济的"3R"标准是指减量化、再利用、再循环，产业生态化同循环经济一样，本质上均属于生态经济的范畴，产业生态化水平评价指标体系的构建需全面反映循环经济的"3R"标准。2002 年，日本政府建立了一套包括资源投入量、资源有效利用率、资源生产率、废弃物产生量等指标在内的产业生态化评价指标体系，但该指标体系主要以资源环境类指标为主，忽视了社会经济因素对产业生态化的影响。为了更为全面、准确地测算出中国各省份的产业生态化指数（IE），本书借鉴陆根尧等（2012）构建的更为全面的产业生态化水平综合评价指标体系（见表 4-2）。其中，五项二级指标的设置依据为：第一，产业生态化是产业升级的高级形态，其实现过程以一定的社会经济发展水平为依托，是社会经济发展的阶段产物，因此，产业生态化的量化需要具体的社会经济发展指标予以反映。第二，生态化水平体现了自然环境状况，高水平的生态化依靠充足的环保投入予以支持。可见，生态化水平的提升既是产业生态化的现实需求，也是产业生态化的结果。第三，资源消耗情况是减量化标准的主要内容，在产业生态化进程中表现为产业发展所耗自然资源的减少。第四，污染排放水平是减量化标准的又一重要方面，产业生态化目标下产业发展遵循生态系统规律，循环有序，带动终端污染排放的大幅减少。第五，资源循环利用水平是再利用、再循环双标准的重要体现。依据产业生态系统分级进化理论（Allenby，2005），低级的产业生态系统是线性的，而高级的产业生态系统封闭循环运转，按照自然生态系统的闭路循环模式发展产业，对资源的整合和循环利用提出了更高要求。可见，前者无限制地向自然界索取资源，而后者实现废弃物和资源之间的可持续转换。

表4-2   **产业生态化水平综合评价指标体系**

一级指标	二级指标	三级指标		
		指标名称	单位	符号
产业生态化水平	经济社会发展水平	人均GDP	元	$X1$
		城镇居民人均可支配收入	元	$X2$
		非农产业产值占GDP比重	%	$X3$
		研发经费支出占GDP比重	%	$X4$
	生态保护水平	人均公园绿地面积	平方米	$X5$
		建成区绿化覆盖率	%	$X6$
		环境污染治理投资额占GDP比重	%	$X7$
	资源消耗情况	单位GDP能耗	吨标准煤/万元	$X8$
		单位GDP电耗	千瓦小时/万元	$X9$
		单位GDP水耗	立方米/元	$X10$
		单位GDP工业废水排放量	吨/万元	$X11$
	污染排放情况	单位GDP工业废气排放量	标立方米/元	$X12$
		单位GDP工业固体废物产生量	吨/万元	$X13$
		工业固体废物综合利用率	%	$X14$
	资源循环利用水平	城市污水处理率	%	$X15$
		生活垃圾无害化处理率	%	$X16$

进一步地通过因子分析法计算得到综合因子得分，作为产业生态化指数。根据在进行因子分析时，累计方差贡献率不低于85%的原则，我们测算得到了2011~2015年中国30个省份的产业生态化指数。由于所得因子得分有正有负，本书将因子综合得分转化成更为直观的百分制标准分（见表4-3）。原始数据通过极值法进行了标准化处理，逆向指标进行了倒数化处理以使其正向化。

表4-3　　　　　　　2011～2015年各省份产业生态化指数测算结果

省份	2011 年	2012 年	2013 年	2014 年	2015 年	平均值	排序
北京	53.5855	53.3192	54.4405	51.9457	58.1301	54.2842	1
天津	46.2689	45.9189	46.3658	43.7432	44.4481	45.3490	2
上海	45.2843	45.9032	45.6880	44.8070	44.2871	45.1939	3
广东	44.2896	44.1240	44.5682	42.0846	44.8982	43.9929	4
浙江	44.1869	44.0810	44.1380	42.2576	43.8408	43.7009	5
江苏	43.9235	43.5126	43.6005	41.8663	44.3306	43.4467	6
山东	42.8518	42.4055	42.8038	40.7070	43.7967	42.5130	7
重庆	42.1863	41.7861	42.1307	39.5196	42.4685	41.6182	8
福建	42.0984	41.7717	42.0005	40.0245	41.5178	41.4826	9
陕西	39.9722	39.9988	40.5427	37.5790	40.6506	39.7487	10
安徽	39.7838	39.2316	39.6244	37.9136	41.1192	39.5345	11
江西	40.0821	39.2332	39.6938	37.2695	40.0994	39.2756	12
湖南	39.0964	38.8242	39.7379	37.9083	39.8052	39.0744	13
辽宁	39.5175	38.6977	39.8047	37.4440	39.4732	38.9874	14
湖北	39.0054	39.0204	39.8614	37.7366	38.8983	38.9044	15
内蒙古	38.2657	37.4945	38.0048	36.5009	43.4160	38.7364	16
海南	40.2892	38.9996	39.5360	36.4563	36.9758	38.4514	17
河南	38.4656	38.2634	38.8220	36.7467	37.9324	38.0460	18
四川	38.3034	38.0618	38.8461	36.1938	38.3912	37.9593	19
吉林	38.2924	37.6542	38.7848	36.4663	38.1783	37.8752	20
河北	38.4582	37.2630	37.6867	35.5971	39.7670	37.7544	21
山西	37.7272	37.0196	37.4030	35.5317	39.2491	37.3861	22
广西	37.3960	37.6089	38.0610	35.8101	37.7146	37.3181	23
宁夏	36.2438	36.1319	36.9581	35.1579	41.6163	37.2216	24
黑龙江	37.3299	36.5406	37.0937	34.5094	36.9707	36.4889	25
云南	36.7541	36.6225	36.9884	34.5913	36.7483	36.3409	26
贵州	35.4702	35.7990	36.3046	34.0268	37.5321	35.8266	27
新疆	35.5814	34.3788	34.5082	32.4071	38.3477	35.0446	28
甘肃	33.1837	33.3503	34.0815	34.0868	36.7698	34.2944	29
青海	34.2465	34.2488	34.1552	33.0212	34.1221	33.9588	30

注：各地区产业生态化指数的排序按2011～2015年的平均值大小进行。

从空间维度上看，中国30个省份五年的产业生态化水平存在一定的差异，在整体上呈现出东部高于中部，中部高于西部的格局。从时间维度上看，2011～2015年，中国各地区产业生态化水平的变化趋势不一。一些产业生态化水平较高的地区，如广东、江苏、山东等地的年均增长率不高，甚至有部分高水平地区出现波动中下降的趋势，如天津、上海、浙江等地；中部省份的变化趋势相对波动不大，整体变化较为平稳；另有一些产业生态化水平处于低位的西部地区省份年均增长率提升较快，如宁夏、贵州、新疆、甘肃等地，说明这些地区的产业生态化进程在近些年取得较快发展。可见，全国各地区的产业生态化水平不论是在空间维度上还是时间维度上都表现出具有显著的东、中、西部区域特征的差异。

2. 数据说明

本书选择2011～2015年全国30个省份（其中西藏数据缺失，且不含港、澳、台地区）的面板数据，并以2011年为基期，经过价格指数换算，消除了价格因素的影响。全部数据均来源于历年《中国统计年鉴》《中国财政年鉴》《中国科技统计年鉴》《中国环境统计年鉴》以及EPS、中经网数据库。各变量指标的统计性描述如表4-4所示。

表4-4　　　　　　　　　变量指标统计性描述

变量	平均值	标准差	最小值	最大值	观测值
产业生态化指数	39.66	4.24	32.41	58.13	150
财政支出竞争	2.47	1.82	1.07	13.84	150
节能环保支出占比（%）	2.88	0.90	1.25	5.77	150
科学技术支出占比（%）	1.93	1.34	0.39	6.25	150
一般公共服务支出占比（%）	9.75	2.23	4.22	15.86	150
政府投资性支出占比（%）	27.20	3.99	17.11	39.99	150
财政分权度	15.57	5.84	4.10	33.43	150
市场化程度（%）	48.39	16.98	14.20	82.67	150
外商投资额（亿元）	7402.18	10451.03	178.51	48728.19	150
城镇化水平（%）	53.87	13.91	22.67	89.60	150
经济发展水平（元）	44566.89	21267.44	13119.00	107960.10	150

4.4.2 模型的设定

财政支出通过调整政府公共服务的供给总量和结构，从而直接或间接地影响产业生态化水平。为了考察财政支出对产业生态化水平在空间上的影响方向和程度，本书采用空间杜宾模型的一般形式（Lesage，2009），且设定面板数据模型为：

财政支出总量模型：

$$
\ln IE_{it} = c + \rho \sum_{j=1}^{30} w_{it} \ln IE_{it} + \beta_1 \ln FEC_{it} + \beta_2 \ln FD_{it} + \beta_3 \ln DOM_{it} + \beta_4 \ln NFI_{it}
$$

$$
+ \beta_5 \ln UL_{it} + \beta_6 \ln GDP_{it} + \theta_1 \sum_{j=1}^{30} w_{it} \ln FEC_{it} + \theta_2 \sum_{j=1}^{30} w_{it} \ln FD_{it}
$$

$$
+ \theta_3 \sum_{j=1}^{30} w_{it} \ln DOM_{it} + \theta_4 \sum_{j=1}^{30} w_{it} \ln NFI_{it} + \theta_5 \sum_{j=1}^{30} w_{it} \ln UL_{it}
$$

$$
+ \theta_6 \sum_{j=1}^{30} w_{it} \ln GDP_{it} + \mu_i + \lambda_i + \varepsilon_{it} \tag{4.1}
$$

财政支出结构模型：

$$
\ln IE_{it} = c + \rho \sum_{j=1}^{30} w_{it} \ln IE_{it} + \beta_1 \ln PSE_{it} + \beta_2 \ln GIE_{it} + \beta_3 \ln EPE_{it} + \beta_4 \ln STE_{it}
$$

$$
+ \beta_5 \ln FD_{it} + \beta_6 \ln DOM_{it} + \beta_7 \ln NFI_{it} + \beta_6 \ln UL_{it} + \beta_7 \ln GDP_{it}
$$

$$
+ \theta_1 \sum_{j=1}^{30} w_{it} \ln PSE_{it} + \theta_2 \sum_{j=1}^{30} w_{it} \ln GIE_{it} + \theta_3 \sum_{j=1}^{30} w_{it} \ln EPE_{it}
$$

$$
+ \theta_4 \sum_{j=1}^{30} w_{it} \ln STE_{it} + \theta_5 \sum_{j=1}^{30} w_{it} \ln FD_{it} + \theta_6 \sum_{j=1}^{30} w_{it} \ln DOM_{it}
$$

$$
+ \theta_7 \sum_{j=1}^{30} w_{it} \ln NFI_{it} + \theta_8 \sum_{j=1}^{30} w_{it} \ln UL_{it} + \theta_9 \sum_{j=1}^{30} w_{it} \ln GDP_{it} + \mu_i + \lambda_i + \varepsilon_{it} \tag{4.2}
$$

其中，i 和 t 表示第 i 个省份在第 t 年时的数据，被解释变量 IE_{it} 表示产业生态化水平；解释变量 FEC_{it} 表示财政支出总量竞争，PSE_{it}、GIE_{it}、EPE_{it} 和 STE_{it} 分别表示一般公共服务支出、政府投资性支出、节能环保支出和科学技术支出；控制变量 FD_{it}、DOM_{it}、NFI_{it}、UL_{it} 和 GDP_{it} 分别表示财政分权、市场化程度、外商投资额、城镇化水平、经济发展水平；$\theta_1 \sim \theta_9$ 表示各解释变量和控制变量的溢出效应，为正数时意味着存在正向的溢出效应，为负数时意味着存在负向的溢出效应；ρ 是空间回归系数，表示样本观测值相互间的依赖作用，在本书也就是一省份的观测值对其相邻省域产业生态化观测值的影响；μ_i 为随机误差项。为了避免可能存在的共线性问题，所有变量均取对数。

关于空间权重的设置，前章已作详细的说明，故在此不做赘述。

4.4.3　实证检验与结果分析

经前面分析，财政支出与产业生态化水平存在空间自相关性。接下来，本书将借助已设定好的空间杜宾模型（SDM），分别就财政支出总量和结构对产业生态化的空间溢出效应分区域展开实证检验。

1. 财政支出竞争对产业生态化的空间效应

表 4-5 显示了财政支出竞争对产业生态化空间效应的估计结果。

表 4-5　　　　　财政支出竞争对产业生态化水平影响的
SDM 模型估计结果

自变量	产业生态化水平（IE）							
	全国		东部		中部		西部	
	（1）	（2）	（3）	（4）	（5）	（6）	（7）	（8）
ln*FEC*	0.120 (0.235)	0.277 (0.242)	0.278 ** (0.131)	0.686 *** (0.246)	0.284 ** (0.142)	0.449 * (0.268)	0.260 (0.225)	0.254 * (0.144)
ln*FD*	—	-0.307 ** (0.143)	—	-0.210 * (0.126)	—	-0.267 * (0.152)	—	-0.069 (0.641)
ln*DOM*	—	0.918 *** (0.285)	—	1.586 *** (0.189)	—	0.26 ** (0.13)	—	0.260 * (0.148)
ln*NFI*	—	0.120 (0.235)	—	0.406 (0.304)	—	0.264 ** (0.132)	—	0.283 * (0.165)
$W \times$ ln*FEC*	-0.307 ** (0.143)	-0.243 * (0.141)	0.390 * (0.100)	0.243 *** (0.141)	0.433 * (0.257)	0.507 *** (0.212)	0.278 ** (0.131)	0.603 *** (0.284)
$W \times$ ln*FD*	—	-0.090 ** (0.042)	—	-0.042 * (0.025)	—	-0.090 * (0.051)	—	-0.058 (0.540)

续表

自变量	产业生态化水平（IE）							
	全国		东部		中部		西部	
	(1)	(2)	(3)	(4)	(5)	(6)	(7)	(8)
$W \times \ln DOM$	—	0.593 *** (0.184)	—	0.738 *** (0.088)	—	0.462 ** (0.231)	—	0.083 * (0.047)
$W \times \ln NFI$	—	0.068 (0.134)	—	0.271 (0.203)	—	0.062 ** (0.031)	—	0.110 * (0.064)
$W \times \ln UL$	—	0.545 (0.476)	—	3.650 *** (0.435)	—	−0.809 ** (0.377)	—	0.545 (0.476)
$W \times \ln GDP$	—	1.671 *** (0.519)	—	0.718 (0.538)	—	−0.678 * (0.386)	—	1.671 *** (0.519)
ρ	0.42 * (0.252)	0.530 * (0.312)	1.222 *** (0.237)	0.584 ** (0.293)	1.067 *** (0.224)	0.528 * (0.302)	1.067 *** (0.224)	0.528 * (0.302)
R^2	0.733	0.844	0.644	0.514	0.544	0.763	0.615	0.755
LogL	257.23	267.68	236.15	268.22	217.08	252.62	269.43	279.19

注：*、**、*** 分别表示在 10%、5%、1% 的水平上显著。方程（2）、方程（4）、方程（6）、方程（8）均控制了控制变量。

（1）本地直接效应。第一，全样本条件下，财政支出竞争（lnFEC）作用产业生态化的影响系数为 0.277，财政资金能发挥对社会资本的引导功能，同时通过乘数效应和挤入效应提升本地的产业生态化水平，但从检验结果看，作用效果并不显著，有待通过财政支出结构分项做进一步地考察。第二，分区域样本条件下，财政支出竞争（lnFEC）对东、中、西部地区的影响系数分别为 0.686、0.449、0.254，且均通过显著性检验。区域财政支出竞争效应直接影响着生态公共品的供给，而区域间财力约束程度的差异又决定着竞争效应的程度，东部地区的财力约束程度要宽松于中、西部地区，对产业生态化产生的挤入效应也最强。

（2）空间溢出效应。第一，全样本条件下，$W \times \ln FEC$ 的影响系数为 −0.243，具有显著的负向空间溢出效应（拒绝假设 3）。为实现 GDP 增长，一方面，邻近地区之间在生态要素禀赋、财政能力等方面的差异常被忽视，而财政竞争性政策往往相互刻意模仿，导致模仿的连锁反应在地区间产生，出现竞争策略的趋同化；另一方面，为避免流动性要素流出，辖区地方政府会通过强化财政竞争策略，展开生态要素争夺，但这种为争夺资源要素而展开的财政竞争常背离辖区生态要素禀赋的实际，诱导有限的生态资源向与产业生态转型相背离的产业和部门流动，导致地方财政资源被极大地损耗和浪费，从而不利于产业生态转型。第二，分区域样本条件下，$w \times \ln FEC$ 对东、中、西部的影响系数分别为 0.243、0.507、0.603，均具有显著的正向空间溢出效应，且呈现出"西部＞中部＞东部"的空间格局。可能的原因是，区域内部产业发展水平差异和财力差异较区域间差异明显更小，财政竞争策略更具有趋同化特征，空间相关性从而得以强化。

2. 财政结构性支出竞争对产业生态化的空间效应

表 4-6 显示了财政结构性竞争对产业生态化空间效应的估计结果。

表 4-6　　财政结构性支出竞争对产业生态化水平（*IE*）影响的
SDM 模型估计结果

自变量	产业生态化水平（*IE*）							
	全国		东部		中部		西部	
	(1)	(2)	(3)	(4)	(5)	(6)	(7)	(8)
ln*EPE*	0.204 **	0.435 ***	0.431 ***	0.553 ***	0.182 *	0.259	0.259	0.022
	(0.102)	(0.171)	(0.129)	(0.179)	(0.091)	(0.272)	(0.193)	(0.215)
ln*STE*	0.547 ***	0.334 ***	0.205 *	0.778 ***	-1.050 *	-0.190 **	-0.013	-0.192
	(0.126)	(0.091)	(0.121)	(0.216)	(0.100)	(0.095)	(0.511)	(0.307)
ln*PSE*	-0.241	-0.310 **	0.033	0.015	-0.197 *	-0.327 **	-0.138 *	-0.232 **
	(0.196)	(0.149)	(0.181)	(0.133)	(0.114)	(0.158)	(0.092)	(0.108)
ln*GIE*	0.322 *	0.005	0.189 *	0.226	0.136	0.400 *	0.183 *	0.319 **
	(0.178)	(0.045)	(0.108)	(0.414)	(0.196)	(0.236)	(0.097)	(0.156)
ln*FD*	—	-0.496 **	—	-0.357 *	—	-0.422 *	—	-0.078
		(0.231)		(0.214)		(0.240)		(0.729)
ln*DOM*	—	1.201 ***	—	2.324 ***	—	0.436 **	—	0.415 *
		(0.373)		(0.277)		(0.218)		(0.236)
ln*NFI*	—	0.120	—	0.406	—	0.264 **	—	0.283 *
		(0.235)		(0.304)		(0.132)		(0.165)
ln*UL*	—	0.746 *	—	0.860 **	—	0.065 *	—	1.029 ***
		(0.412)		(0.428)		(0.341)		(0.251)

自变量	产业生态化水平（IE）							
	全国		东部		中部		西部	
	（1）	（2）	（3）	（4）	（5）	（6）	（7）	（8）
lnGDP	—	0.685 * (0.383)	—	− 0.876 * (0.501)	—	0.792 ** (0.401)	—	0.353 (0.648)
W × lnEPE	− 0.255 (0.222)	− 0.266 * (0.149)	0.235 * (0.136)	0.467 * (0.267)	− 0.196 * (0.112)	− 0.232 ** (0.108)	− 0.186 * (0.107)	− 0.283 * (0.166)
W × lnSTE	0.330 ** (0.167)	0.259 (0.272)	0.480 *** (0.117)	0.390 ** (0.194)	− 0.138 * (0.092)	− 0.327 ** (0.158)	− 0.201 * (0.112)	− 0.290 * (0.151)
W × lnPSE	− 0.255 (0.222)	− 0.306 * (0.164)	− 0.185 * (0.103)	− 0.018 * (0.009)	− 0.020 (0.134)	− 0.310 ** (0.149)	− 0.191 * (0.107)	− 0.232 ** (0.108)
W × lnGIE	0.558 *** (0.209)	0.180 * (0.107)	0.205 * (0.121)	0.280 * (0.158)	0.470 * (0.277)	0.291 * (0.164)	0.642 *** (0.204)	0.318 ** (0.160)
ρ	0.514 ** (0.258)	1.042 *** (0.202)	0.500 ** (0.250)	0.818 * (0.479)	0.467 * (0.267)	0.900 *** (0.189)	1.293 *** (0.154)	0.480 * (0.289)
R^2	0.551	0.543	0.641	0.512	0.756	0.604	0.533	0.765
Log L	235.89	248.63	291.86	244.33	267.55	246.17	253.69	280.95

注：*、**、*** 分别表示在 10%、5%、1% 的水平上显著。方程（2）、方程（4）、方程（6）、方程（8）均控制了控制变量。

（1）本地直接效应。

节能环保支出。第一，全样本条件下，节能环保支出（lnEPE）对产业生态化具有挤入效应，影响系数为 0.435，在 1% 水平上通过显著性检验。地方政府的环保支出能够有效地抑制本地区的环境污染，提升当地的产业生态化水平。第二，分区域样本条件下，如表 4 − 6 所示，节能环保支出（lnEPE）的直接效应对东、中、西部地区的影响系数依次为 0.553、0.259、0.022，呈现出东部大于中部，中部大于西部的格局。各区域经济发展水平和财政能力的异质性决定了对发展绿色环保产业支持力度的差异，导致产业生态化转型的速度和水平呈现出区域性差异，中、西部欠发达区域的环保支出可能存在被基础建设支出挤占，导致环保支出的生态效应被抑制。

科学技术支出。第一，全样本条件下，科学技术支出（lnSTE）对产业生态化的直接效应具有挤入效应，影响系数为 0.334，并在 1% 水平上通过显著性检验。内生增长理论认为科技支出有助于实现地区经济可持续增长，产业生态化的推进离不开生态技术研发的支撑。第二，分区域样本条件下，科学技术支出（lnSTE）对东、中、西三大区域产业生态化水平的直接效应影响系数依次为 0.778、−0.190、−0.192，影响方向和程度存在差异。东部地区技术研发基础雄厚，技术模仿、扩散速度较快；在中部地区的作用效果相对较小；而在西部地区作用不显著的原因可能在于，在企业资金需求增加、融资约束性不减的情况下，政府的研发资金扶持就显得尤为重要，但西部地区财政能力有限，出现了生态技术研发资金投入不足的问题。

一般公共服务支出。第一，全样本条件下，一般公共服务支出（lnPSE）对产业生态化具有显著的挤出效应，影响系数为 −0.310。一般公共服务支出占比的过快增长挤占了环保、科技、教育等具有正外部效应的支出，导致公共财政资源的错位，抑制了产业生态化进程的推进。第二，分区域样本条件下，如表 4−6 所示，一般公共服务支出（lnPSE）对东、中、西三大区域的影响系数依次为 0.015、−0.327、−0.232，影响方向和程度各不相同，对东部地区的产业生态化水平具有"挤入效应"，但作用较小，而对中、西部具有显著的挤出效应。

政府投资性支出。第一，全样本条件下，政府投资性支出（lnGIE）对产业生态化具有挤入效应，影响系数为 0.005，但作用有限，且并未通过显著性检验。生产性支出的乘数效应在短期内成为资本成倍积累的重要推手，拉动产业生态化的经济社会发展因素的快速增长，从而产生挤入效应。但其长期弊端显著，易挤占具有长期效应的非生产性支出，扭曲财政支出结构，弱化乘数效应，引发产业结构失衡等不可持续问题。第二，分区域样本条件下，如表 4−6 所示，政府投资性支出（lnGIE）对东部地区的影响小于中、西部地区，影响系数依次为 0.226、0.400、0.319。整体而言，地方政府对政府投资性支出的偏好要明显大于其他类型的支出，但区域间差异化的要素禀赋及增长潜力影响着地方政府的财政支出偏好。

（2）空间溢出效应。

节能环保支出。第一，全样本条件下，$w \times \ln EPE$ 的回归系数为

- 0.266，具有显著的负向空间溢出效应（拒绝假设1）。说明邻近省份的节能环保支出的增加反而抑制了本辖区产业生态化水平的提升，出现了环境规制加强，生态环境反而恶化的"绿色悖论"现象，这似乎不太符合我们的一般认识。对此，本书的解释是：地方政府间的竞争弱化了区域内环保支出对环境污染的抑制功能，由于地方保护主义的存在，辖区政府降低环境规制标准为本地企业提供便利，同时也吸引了邻近地污染企业的逐利转移，导致地方政府间形成了环境规制的逐底竞争，环境污染反而恶化。第二，分区域样本条件下，$w \times \ln EPE$ 的对东、中、西部的空间影响系数分别为0.467、- 0.232、- 0.283，影响方向和程度各不相同，呈现出东部存在正向溢出效应，而中、西部存在负向溢出效应的格局。一方面，由于东部地区产业协同的展开、要素市场整合以及区域一体化（如京津冀、长三角、珠三角一体化）进程的加快，呈现出协调发展的趋势，引发了较明显的支出正向空间聚集效应。另一方面，东部地区所淘汰的"高耗能、高污染、高排放"的粗放型产业，依照中国产业转移路径，主要流向了中、西部地区。与此同时，中、西部地区政府协同治理理念落后，区域内环境规制策略的恶性竞争往往表现为降低规制标准的逐底竞争。地方保护主义同时存在于发达地区和欠发达地区，但由于欠发达地区对自身专业优势未形成清楚认识，也缺少较为清晰的发展战略，更多的只是致力于搞活现有企业，致使地方保护主义政策在欠发达地区更受欢迎（周业安、赵晓男，2002）。

科学技术支出。第一，全样本条件下，$w \times \ln STE$ 的回归系数为0.259，具有正向空间溢出效应（支持假设1），说明辖区科技支出的增加也带动了邻近省域产业生态化水平的提升，但这一影响并不显著。可能的原因在于，财政支出未能充分有效地发挥其对生态资本和技术的引导功能。新技术的研发从投入到最后的产出运用需经历一段较长的周期，支出效果存在滞后性，直接影响了生态要素的集聚和扩散。第二，分区域样本条件下，$w \times \ln STE$ 对东、中、西部的影响系数分别为0.390、- 0.327、- 0.290，均存在显著的空间溢出效应，但呈现出东部正向溢出，中、西部负向溢出的格局。可能的原因在于，一方面，科技支出的乘数效应在东部地区得到较为普遍的扩散，而中、西部地区存在政府研发资金投入不足的问题。另一方面，"中心—外围"理论中的"虹吸效应"观点是这一现象的有力解释，东部地区推进产业生态化的要素需求通过对中西部欠发达地区产生"虹吸效应"得以满足，从而制约了欠发达地区的产业生态化水平的提升。

一般公共服务支出。第一，全样本条件下，$w \times \ln PSE$ 的影响系数为 -0.306，具有显著的负向空间溢出效应（支持假设 2），说明辖区的产业生态化水平会受到邻近省域的一般公共服务支出的影响。可见，一般公共服务支出的增加不仅会抑制本地的产业生态化水平，同时也会阻碍邻近省域的产业生态化进程。第二，分区域样本条件下，$w \times \ln PSE$ 的回归系数均为负，表明在东、中、西部内部均存在负向的空间溢出效应，该支出的增加，既降低了辖区自身的产业生态化水平，也对邻近省域的产业生态化水平产生了负向影响，这可能与一般公共服务支出是以行政管理费用支出为主的纯消耗支出属性有关。

政府投资性支出。第一，全样本条件下，$w \times \ln GIE$ 的影响系数为 0.180，存在显著的正向空间溢出效应（拒绝假设 3），说明辖区政府投资性支出的正向聚集效应对邻近省域的产业生态化进程有积极的推动作用。对此，本书的解释是：一方面，自分税制改革以来，地方政府的支出责任得到强化，为获得充足的财政收入，地方政府通过增加政府投资性支出以扩大税源；另一方面，地方政府偏好于将有限的财政资源用于扶持经济建设。第二，分区域样本条件下，$w \times \ln GIE$ 的回归系数东、中、西部分别为 0.280、0.291、0.318，政府投资性支出在各区域内部的正向溢出效应呈现出"西部 > 中部 > 东部"的格局。在东部经济发达地区，公众对政府投资性支出提升基础设施建设等公共服务的需求已得到较好的满足，支出的边际效益开始收缩；而中、西部经济欠发达地区对进一步扩大改善落后的经济性公共服务的挤入效应仍存在较大空间。尤其是西部欠发达地区对于进一步提升落后的公共服务具有更大的需求，但要素丰裕度又严重不足，远不能满足现实需求，致使对要素资源的争夺也更为激烈，增加政府投资性支出的政府行为也更容易引发周边其他地区的策略模仿，相互间的空间联系得以进一步加强。此外，近年来，国家扩张性财政政策的实施以及西部大开发战略的推进，极大地改善了西部地区的经济社会环境，成为西部地区的政府投资性支出产生的产业生态化空间溢出效应大于东、中部地区的原因之一。

4.5 结论与政策建议

本书采用2011～2015年的省级面板数据，借助空间杜宾模型实证检验了地方财政支出在总量和结构上的竞争对产业生态化水平的空间效应，实证结果发现中国省域财政支出和产业生态化水平均具有显著的空间自相关性，地区之间产业生态化进程的推进并不是相互孤立的，而存在较为明显的空间关联。即一地区的财政支出政策对辖区产业生态化水平除了产生本地直接效应外，还具有的空间溢出效应，也就是说对邻近其他地区的产业生态化水平同样产生影响。本章的主要结论如下：

（1）财政支出总量竞争效应。在全样本条件下，地方财政支出竞争产生了负向的空间溢出效应，显著抑制了邻近地区的产业生态化进程。主要原因可能在于，为实现GDP增长目标，邻近地区在财政政策上的盲目模仿往往脱离了自身财政能力、要素禀赋等实际，而导致竞争策略的趋同化。另外，由于区域内部要素禀赋差异和财力差异较区域间差异明显更小，从而空间相关性得以加强，财政支出竞争在区域间的正向溢出效应呈现出"西部＞中部＞东部"的空间格局。

（2）财政支出结构竞争效应。第一，节能环保支出表现出负向的空间溢出效应，出现环境规制加强，产业生态化程度反而下降的"绿色悖论"。原因可能在于，地方保护主义导致各地区竞相降低环境规制标准，引发"逐底竞争"，这一现象在中西部欠发达地区表现得更为明显；而东部地区由于产业协同发展、要素市场整合以及区域一体化进程的加快，呈现出协调发展的趋势，产业生态化水平的提升具有较明显的空间集聚效应。第二，科学技术支出的正向空间溢出效应不显著，未能充分有效地发挥其对生态资本和技术的引导功能。新技术的研发从投入到最后的产出运用需经历一段较长的周期，支出效果存在滞后性，直接影响了生态要素的集聚和扩散。另外，在东部地区产生的正向溢出效应主要得益于其更为成熟的市场经济环境和制度优势，保障了知识外溢机制的有效运行。而中、西部地区较为常见的地方保护主义行为加剧了知识外溢机制的有效运行。与此同时，东部地区对中西部地区产生的"虹吸效应"进一步制约了中西部地区产业生态化水平的提升。第三，一般公共服务支出产生了负向的空间溢出效应。一般公共服务支出是以行政管理费支出为主的纯消耗支出，此类支出的增加很可能对企业生产产生挤出效应，并通过地区间的标杆竞争进一步扩散。第四，政府投资性支出抑制了邻近地区的产业生态化进程。在地方政府在经济建设领域的投资竞赛造成了财政支出结构的偏误。然而，政府投资性支出在各区域内部的正向溢出效应呈现出"西部＞中部＞东部"的格局。东部地区基础设施投资建设投入趋于饱和，依靠"标杆竞争"进一步拉动区域投资增长的效果有限。中部地区的引资竞争进一步扩大了政府投资的乘数效应。西部地区对于进一步提升落后的公共服务存在巨大需求，刺激了地方政府相互间的空间联系得以进一步加强。此外，也受益于近年来国家扩张性财政政策的实施以及西部大开发战略的持续推进。

可见，相邻省域的财政支出竞争对本辖区的产业生态化水平具有不同方向和程度的空间溢出效应，同时也表现出效应的支出结构性和区域差异性特征。据此，本书提出以下三点政策建议：

（1）构建跨区域横向财政合作体系。现代化经济体系的构建立足于"创新、协调、绿色、开放、共享"五大发展理念，在推进区域产业生态化进程中，构建跨区域横向财政合作体系应成为践行新发展理念的重要举措。现实中，跨区域横向财政合作体系的构建需立足于区域财政预算体系、财政支出体系以及横向转移支付体系的协同。具体而言，第一，协同地方财政预算体系和国家环境治理以及产业发展规划。将区域协同治理预算机制完全纳入地方财政预算，以降低因跨区域治理预算所占比重过小而与跨区域治理目标的不相匹配程度。对于地方政府因跨区域治理而产生的合作成本，可通过构建区域利益补偿机制予以弥补。此外，还可通过立法形式强化区域财政预算体系建设。第二，协同财政支出体系。主要在于协同区域环境治理专项资金安排，以满足地方政府生态产业发展和环境治理需求。首先，可从跨区域人均财政支出角度协同财政支出规模，实现财政支出同区域人口总量挂钩，构建跨区域人均财政支出联动机制；其次，通过强化区域环境治理支出结构的协同，在降低污染治理和节能减排等领域直接支出的同时，相应增加环境监管与评估等方面的支出，真正实现全过程控制；最后，区域财政支出合作体系的构建应以明晰支出事权和责任为前提，通过建立协同治理事权清单，依事权定责任，明确地方政府间的支出责任边界，保障区域协同治理整体目标的实现。第三，协同区域横向转移支付体系以缩小财政能力在区域间的差距，强化区域合作的有效性。随着近年来国家环境治理力度的增强，转移支付手段越来越成为区域环境协同治理的重要工具。例如，在京津冀经济圈，北京和天津对河北所产生的"虹吸效应"实际上是一种财政输入和输出，三地产业的协同发展和环境的协同治理需要以健全、有效的横向财政转移支付制度为支撑，以缩小地方间财政能力差距。

（2）构建一套以发展质量为导向的政绩考核体系，不断优化财政支出结构。由于过去中国地方政府间财政竞争机制的形成主要源自以 GDP 为中心的政绩考核制度的驱使，通过招商引资形式竞相出台财税优惠政策引入"高耗能、高污染、高排放"企业，引发地方政府间的"逐底竞争"，导致产业生态问题被忽视。新时期，实现高质量发展必须坚持质量第一、效益优先，以供给侧结构性改革为主线，推动经济发展质量变革。因此，为避免地区间因"逐底竞争"而出现"绿色悖论"，应建立一套以发展质量为导向的政绩考核体系，重新审视一系列的民生质量指标的重要性，提升具有较强正外部性特征类型支出的比重，以扩大正向空间溢出效应，形成对周边省域产业生态化水平提升的有效辐射，同时也可以有效遏制地方政府盲目追求粗放式经济增长的短视行为，以适应当前产业生态化转型的现实需求，引导地方政府财政竞争回归理性，形成财政竞争和产业生态化两者间的良性循环。

（3）立足于本地区产业基础和要素禀赋实际，避免财政竞争策略的趋同化。地方政府对生态要素的争夺会引发区域内邻近地区之间在产业政策上的连锁反应，因此，不同地区在制定产业生态转型政策时，应立足于自身的资源要素禀赋优势、空间地理位置优势以及区域政策环境优势，以降低产业生态转型成本，避免出现因竞争策略趋同而引发的"逐底竞争"。

与此同时，也应进一步强化各类政策工具的使用及其在地区间的整体配合与协同合作，以降低区域产业基础和财政能力差距过大所造成的负面影响。此外，中央在推进实现产业生态化的过程中，应重视公共政策的空间溢出，可考虑适时在全国层面统筹产业生态化问题。

第5章

地方财政支出对技术创新的空间效应

5.1 引言

在经历了一段高速增长后，中国经济正处于转型升级的关键期。随着传统要素成本日益上涨，传统要素密集型产业的比较优势逐渐被削弱，依据内生增长理论，创新作为经济增长的动力源泉，在推动产业升级，维持经济稳定、可持续增长方面发挥着日益重要的作用。

产业升级的实现最终还是取决于创新要素的积累，即潜在的技术创新能力。技术创新主要是通过改变需求结构，引发劳动生产率变革，成为产业升级的主要驱动力；相反，产业升级的实现又将强化产业内部的创新与合作，进一步推进产业升级，形成产业升级动态循环。由此可见，中国产业升级应立足于技术创新。

中国已明确提出创新驱动发展战略，技术创新也已成为提升区域竞争力的重要抓手。技术创新作为一种理性选择，旨在降低企业成本的同时增加收益。毫无疑问，企业是技术创新的"主角"，政府在引导创新要素流动方面承担了重要角色。财政支出政策是政府常用的支持技术创新的政策工具，对矫正技术创新活动的负外部性"市场失灵"具有重要作用。

随着技术创新日益成为提升竞争力的关键，政府干预技术创新的力度也进一步地增强。一方面，企业具有实现利润增长的内在动力，同时也承受着来自市场竞争的外部压力；另一方面，技术创新具有较强的外部性，在知识积累过程中存在知识溢出现象，致使市场竞争主导下的技术创新难以达到最优水平，直接削弱了企业技术创新的动力。此时，政府借助公共政策工具引导资源优化配置，激励企业创新投资行为就成为化解困局的选择。在众多的矫正创新活动外部性的公共政策工具中，财政支出政策能够有效弥补技术创新外溢及供给不足的问题（曹坤等，2016）。

政府行为对技术创新影响的相关研究众多，而借助财税政策激励企业技术创新是世界各国的一贯做法。国外方面，赫尔曼（Hellman，2003）认为，政府研发支出同样显著地促进了技术创新。也有学者发现财政补贴对企业技术创新具有显著的激励效应。国内方面，方健雯等（2008）发现科技投入对企业的技术创新能力具有显著的影响。余子鹏和王今朝（2014）认为政府资助科技投入等政府行为是影响技术创新的主要因素。陈庆江（2017）则作了进一步的解释，认为原因可能在于政府的科技投入有效提升了企业的技术创新效率，并进一步指出应充分发挥财政资金的引导功能。对此，杨宇和沈坤荣（2010）的研究发现，引入社会资本参与多元竞争，有助于激发社会技术创新动力。

以上研究较为全面地检验了政府扶持对技术创新杠杆效应存在的可能性，且主要表现为：利于缓解企业研发的融资压力，降低研发投入风险，调动企业自身增加研发支出的积极性，进而带动区域技术创新。另有一些学者也支持挤出效应存在的观点（许治，2005；肖丁丁，2013），认为政府对企业的研发投入进一步扩大了企业的研发资源需求，但在短期内又难以获得有效的供给满足，导致研发资金被转移他用。

近年来，学者们开始将注意力转向一些制度性因素对技术创新的影响，如财政分权、政府竞争、产权保护等（樊琦、韩民春，2011；Alecke et al.，2012；李永等，2014）。随着信息、网络、交通等基础设施的建设为创新技术的研发和外溢带来了极大的便利，大大缩短了利益主体间的地理距离，从而进一步拓宽了技术外溢的范围边界。地理学第一定理认为，空间地理位置相近的变量间存在一定的相关关系，在区域技术创新这一问题上，地方政府正是依靠财政政策工具进行空间策略互动。

尽管技术创新是推动区域经济增长的重要因素（Romer，1990），但目前并没有证据表明创新投入多的地区必然带来该地经济的更快增长，而随着空间地理因素重要性日益凸显，技术创新空间溢出特征受到了越来越多的关注。就中国而言，财政分权加剧了地方政府间竞争，地方政府技术创新的空间格局也随之发生了显著变化，主要表现为知识的流动性以及创新要素空间分布的差异引发地方政府为抢夺创新要素而展开竞争，促成地方政府行为空间关联机制的形成，最终呈现出技术创新活动的空间溢出。

杠杆效应和挤出效应的同时存在，很大程度上是由于地方政府实施竞争性的支出策略，从而引发了政策效应的空间外溢，即一地区财政支出政策会对邻近地区的财政行为产生影响（纪益成等，2015），主要表现为受政治和经济利益最大化驱动，地方政府通过策略模仿展开财政支出竞争。现有研究主要是通过借助空间计量模型来检验地方政府间是否存在空间策略互动财政行为。例如，苏方林（2006）、吴玉鸣（2006）、尹静和平新乔（2006）等较早地使用空间计量方法研究政府研发投入，通过借助空间自回归模型（spatial autoregressive model，SAR）和结构方程模型（structural equation modeling，SEM）来检验研发活动的空间溢出效应。随着莱萨奇和佩斯（LeSage and Pace，2009）提出直接效应和间接效应的评估方法，空间杜宾模型（SDM）逐步成为国内外学者空间溢出效应检验的主流工具。项歌德（2011）、贾敬全和殷李松（2015）等借助空间杜宾模型（SDM）分析了研发投入对技术创新产出以及产业升级的直接和间接效应。

5.2 科教支出作用于技术创新的传导机制

科学技术支出的技术创新效应可以通过一个"结构—过程"分析框架进行描述，其"财政科技投入—产出"的传导路径依次通过"财政科技投入→知识积累→技术进步→创新产出"各环节，具体表现为两个方面。(1) 财政科技投入→企业研发投入→企业研发产出→企业成果专利申请→企业新产品。这条传导路径描述的是：政府通过科技投入的扶持方式给予技术优势企业支持，企业获得政府研发资助后，经研发环节实现技术成果转化，并以专利和新产品两种形式实现创新产出。(2) 财政科技投入→研发机构 R&D 经费投入→研发机构 R&D 成果→研发机构专利申请。该传导路径描述的是：政府通过财政科技支出将研发经费投入公共研发机构进行基础性研究，在增加知识存量的同时，最终形成的研发成果以专利的形式呈现。

教育支出对技术创新的影响主要体现在两个方面。（1）形成投资和结构效应。作为一种社会性投资，教育支出的增加直接作用于技术创新；同时，教育支出的增加也将从支出结构上对其他类型投资产生挤入或挤出效应。（2）知识积累效应。内生增长理论肯定了人力资本以及技术进步是实现经济增长的内生动力，人力资本存量增加的主要途径是通过教育投入产生知识积累，形成技术创新动力，进而推动经济增长。

5.3 空间效应的形成机理

图 5－1 描绘了地方政府科教支出竞争的技术创新空间溢出效应产生的全过程。这一过程可以具体描述为：一地区致力于改善辖区创新软环境、增加创新投入的政府行为，往往被邻近地区参照模仿，这种对邻近地区财政政策的模仿和学习引发了技术创新效应的空间外溢。本书认为，财政支出竞争对技术创新的空间溢出效应的形成机理可以从以下几方面加以概括。

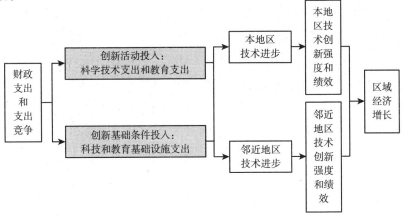

图 5－1 地方财政支出竞争和技术创新

1. 支出竞争的有效性

一是降低了技术创新成本。为了吸引创新要素流入，地方政府竞相增加创新补贴，旨在有效降低企业的创新成本，同时通过发挥财政支出政策的引导功能，为企业构建良好的创新软环境。二是提升技术创新的预期收益。由于技术创新空间外溢性的存在，技术创新成果很容易被复制和模仿，导致创新成果的预期收益无法全部收回。财政扶持降低了企业技术创新的边际成本，提升了创新的预期收益。三是降低技术创新风险。技术创新因其过程复杂、资源投入大、产出不确定性高等特征，致使技术创新主体要承担较大风险。地方政府竞相为创新投入企业提供的风险补贴与保障，有助于提升企业创新投入的积极性；同时，为了能在竞争中获得优势，地方政府往往致力于营造良好的技术创新环境，以降低企业创新风险。

2. 创新要素的跨区域流动

可以从以下三方面对区域技术创新活动产生积极影响。一是夯实创新活动基础。作为知识信息的能动性载体，创新人才在创新过程中的对外交流有助于推动知识的空间外溢，而创新资本是技术创新活动顺利展开的重要保障。二是完善创新要素的配置结构。创新资本的逐利性和创新人才的趋优性驱使创新要素流向边际收益更大、配置效率更高、结构更为完善的地区，形成要素集聚，产生规模经济效应。三是催生新兴产业发展。创新要素的流入可能催生流入地打造更为优越的创新基础和创新环境。

3. 技术创新能力的地区差异

技术创新能力差距的大小在一定程度上决定了对外来技术的模仿及吸收能力的强弱。技术创新能力强的地区对技术创新能力落后地区的有效示范与合作，能有效带动创新技术向落后地区的正向空间外溢，从而加速落后地区技术创新能力的提升。但如果地区间技术创新能力差异过大，很有可能产生"回流效应"，也就是说技术创新能力强的地区将进一步从周边地区吸引创新要素流入，从而形成发达地区的技术创新能力得到进一步加强，而落后地区的技术创新能力被进一步抑制的局面，致使负向的空间溢出效应得以产生。

可见，地区间的技术创新活动在地理空间上从来不是相互割裂的，经济的发展日益呈现出紧密的空间联系。政府创新投入的变化除了影响本地区技术水平，也会对邻近地区产生技术溢出和带动作用，技术创新的空间溢出实质上反映的是地方政府在技术创新领域的模仿和竞争。地理上邻近的地区更容易产生模仿和竞争，而随着地方财政体系的日益完善，地方政府在财政支出上的竞争也日益趋于激烈。由此可见，对财政支出技术创新效应的考察，需考虑空间因素，以保障对财政效应解释的科学性和完整性。

5.4　理论分析与研究假设的提出

众多国内外学者对政府创新资源的空间配置进行了研究，发现国内外创新资源均存在空间配置非均衡的分布特征（Malecki，1982；岳洪江、梁立明，2001；魏守华、吴贵生，2005）。随着分权改革的推进，中国地方政府的初始禀赋差异日益凸显，进一步引发了地方政府行为模式的显著变化。地区间的经济特征并非孤立存在，而总是与邻近地区的同一经济特征存在一定的关联（Anselin，2010）。因此，在考察中国财政投入对技术创新的影响时，应进一步将空间溢出效应纳入实证研究的前提假设。

知识溢出、要素流动以及技术创新能力的空间差异是技术创新产生空间溢出效应的内在机理。创新要素流动对流入地的创新绩效具有显著提升作用（卓乘风、邓峰，2017）。地方政府在追求自身利益最大化的动机驱使下，将充分考虑其技术创新政策对周边邻近地区产生的影响，从而在竞争与合作两个问题上做出战略选择。安塞林（Anselin，2010）提出的空间计量经济学理论指出，某一地区空间单元上的经济特征同邻近地区的经济特征在一定程度上是相关的。这一观点在本章可拓展为：邻近地区间的技术创新活动可能存在相互影响。通过以上理论分析，本章提出假设1。

假设1：中国邻近省域的技术创新活动存在显著的空间溢出效应。

技术创新活动的空间溢出存在一定的传导机制。首先，得益于持续的贸易往来，先进的技术物化于商品或生产设备，技术创新的空间溢出在贸易和技术交流过程中得以实现。其次，区域专业化的相对多样性是影响技术创新空间溢出的一个重要因素，对此，资源禀赋差异论以及经济外部性论已经给出有力解释。此外，经济主体对新知识、新技术的竞争程度也是引发技术创新空间溢出的一个重要原因。

分权改革以来，地方政府为获得本地区经济优势，展开了激烈的财政竞争。随着当前国家创新驱动战略的提出，地方政府间竞争的焦点从传统要素逐步向创新要素转移，政府竞争已成为影响中国技术创新的重要制度性因素。已有研究围绕财政竞争对技术创新的影响进行了探讨。鲍德温和克鲁格曼（Baldwin and Krugman，2004）认为财政竞争所产生的产业空间集聚为技术创新带来了额外的收益，易产生"逐顶竞争"。而费尔南德斯（Fernandez，2005）的观点却恰恰相反，他认为财政竞争产生的集聚效应会引发地方政府间的"逐底竞争"。但他们都赞同分权模式下同级地方政府间差异化的竞争策略直接影响着创新要素的流动。

然而，分权改革为市场关系在区域竞争中成长提供制度基础的同时，也助长了地方政府市场分割和地方保护主义的倾向（吴敬琏，2010）。市场分割和地方保护主义限制了市场一体化，阻碍了技术产品、服务以及先进技术理念的自由流动和传播，破坏了区域技术融合，抑制了技术创新效应的空间溢出。孙早等（2014）从理论上梳理地方保护主义影响技术创新空间溢出的机理，并进一步指出地方保护主义滋生了垄断，弱化了地方追逐新知识、新技术的强烈动机。据此，通过以上正反两方面的理论分析，本章进一步提出假设2。

假设2：中国地方政府财政竞争对技术创新具有显著的空间溢出效应。

理论上而言，科教财政支出有助于技术创新水平的提升，但由于本地区在科教资源上的财政竞争存在显著的策略模仿行为，在邻近地区均采取互补型空间策略的情况下，从而对邻近地区的技术创新水平产生溢出效应。首先，溢出效应是在地方政府对公共品的竞争性投入、创新要素流动、贸易交流、信息交换以及产业集聚等市场机制的共同作用下得以产生。其次，财政对科教投入产生的影响会引发邻近地区的竞相模仿，从而对邻近地区的科教投入产生激励效应（祝树金、虢娟，2008；汪辉平、王增涛，2017）。但由于政府竞争行为的存在，易导致邻近地区的模仿行为逐步演变成恶性竞争，继而产生负面的溢出效应（谭光荣等，2016）。考虑到政府支出无限性和财政资源有限性的矛盾存在，某项财政支出的增加势必会挤占其他类型的支出，技术创新的空间溢出效应也就受到了支出结构偏向性的影响。可见，地方政府竞争引致的财政支出结构倾斜，会导致技术创新的空间溢出效应同样也呈现出支出的结构性特征。最后，本章提出假设3。

假设3：中国地方政府科教支出竞争对技术创新具有显著的空间溢出效应。

下面我们将借助空间杜宾模型（SDM）对以上假设展开实证检验。

5.5 空间相关性统计描述

5.5.1 技术创新的时空演变特征分析

1. 地方技术创新强度的空间非均衡特征

2015年地方技术创新强度①具有显著的空间分布不均衡特征，基本呈现出"东部＞中部＞西部"的空间格局。东部地区中，北京、天津、浙江、江苏、上海、广东等地的技术创新强度超过了0.9；有众多中部地区的技术创新强度在0.8~0.9，对全国的平均技术创新强度产生了重要影响；此外，还有诸如新疆、青海、云南、贵州、广西等西部地区的技术创新强度较低，处于0.8以下水平。

2. 地方技术创新强度的时空演变特征

时序上来看，2011~2015年中国的技术创新强度指数整体上有明显的提高，由2011年的0.6~0.8的整体低水平，逐步发展到2015年的0.7~0.9的相对较高水平。在这一时序演变过程中，低水平的省份逐步减少，而较高水平的省份趋于增加，呈现整体水平提升的态势。空间分布上看，五年时间里中国的技术创新强度由2011年的低水平均衡态势逐步地向

---

① 此处的"技术创新强度"指标数据在本章的5.6.1节通过构建"技术创新强度"指标评价体系测算而来。

2015 年的相对较高水平差异化态势演变，并呈现出"东部 > 中部 > 西部"的空间格局。可见，中国的技术创新强度在整体上趋于稳步提升，但随之出现的空间发展不均衡、差距扩大态势明显等问题值得关注。

5.5.2 空间自相关检验

1. 全局莫兰指数分析

为了认识各省域财政支出同技术创新强度在空间分布上的动态发展规律，在此借助莫兰指数检验各变量是否具有空间相关性。表 5 - 1 测算了 2011 ~ 2015 年中国省级技术创新强度的全局莫兰指数，且全部在 5% 的水平上通过显著性检验，从而进一步说明中国省级地方技术创新强度在空间上并非是相互独立的，而是具有显著的空间集聚特征，适合采用空间计量模型作进一步的检验。此外，2011 ~ 2015 年技术创新强度的全局莫兰指数整体呈现出在波动中上升的走势，说明中国省域间的技术创新强度在空间上的依赖性得到不断加强。

表 5 - 1　　　　　　2011 ~ 2015 年变量空间自相关莫兰指数及其 Z 值

年份	财政支出竞争		技术创新强度	
	莫兰指数值	统计量 Z (I)	莫兰指数值	统计量 Z (I)
2011	0.30	2.70	0.32	2.51
2012	0.33	2.64	0.34	2.58
2013	0.37	2.59	0.40	2.50
2014	0.37	2.88	0.43	2.56
2015	0.46	2.86	0.41	2.69

年份	教育支出		科学技术支出	
	莫兰指数值	统计量 Z (I)	莫兰指数值	统计量 Z (I)
2011	0.36	2.54	0.22	2.08
2012	0.34	2.58	0.27	2.91
2013	0.33	2.61	0.32	2.15
2014	0.39	2.55	0.31	2.85
2015	0.41	2.73	0.40	2.50

注：莫兰指数的测算采用了地理距离空间权值矩阵。

2. 局域空间相关性 LISA 分析

为了更进一步地揭示技术创新强度空间分布特征的显著性，本章进一步地测算了技术创新强度指标①2011 年和 2015 年的局部莫兰指数。

技术创新强度的集聚情况。以 2015 年为例，中国省域技术创新强度形成了几个较为明显的聚集区。其中，以"高—高"聚集为分布特征的省份共有 11 个，分别是北京、天津、山东、上海、浙江、江苏、广东、福建、四川、重庆、湖北，且集中连片地带主要以东部沿海地区为主。技术创新高强度集聚区主要有三个：一是以"京津冀""长三角""珠三角"经济圈为中心的东部沿海集聚区；二是以湖北为中心的中部聚集区；三是以四川和成都为中心的西部集聚区。"低—低"集聚区主要有两个：一是以青海为中心，与邻近的新疆、甘肃、宁夏一同形成的聚集区；二是以贵州为中心，与邻近的云南、广西一同形成的聚集区。聚集中心的形成说明了中国省级技术创新强度存在显著的空间依赖性，同时也说明具有技术创新高强度的东部沿海地区对技术创新低强度的中西部地区的带动作用未能得到充分有效的发挥。此外，从时序上看，2011～2015 年"高—高"聚集区和"低—低"聚集区在数量上均呈现出增加的趋势，说明技术创新的正向空间溢出效应随着时间的推移在空间上呈现出逐步扩大的趋势。

中国地方技术创新强度和政府竞争强度呈现出显著的空间集聚特征，空间分布的非均衡性和依赖性显著。通过比较分析，我们进一步发现，政府竞争强度的"高—高"聚集范围大致和技术创新强度的"低—低"聚集范围相同，其"低—低"聚集范围也大致对应了技术创新强度的"高—高"聚集范围，两变量在地理空间分布上基本呈现了相反的集聚特征。教育支出和科学技术支出在"高—高"聚集区和"低—低"聚集区的分布上，同技术创新强度呈现出大致对应的集聚区域，相互间具有较强的相互依存关系。

区域技术创新具有显著的空间集聚特征，而财政支出竞争、教育支出竞争、科学技术支出竞争同技术创新强度在空间上呈现出基本一致或相反的集聚特征，表明政府在财政支出总量和结构上的竞争对区域技术

---

① 财政支出竞争、科学技术支出以及教育支出的 LISA 指数分析已在第 3 章给出。

创新活动的影响存在空间溢出效应。也就是说一地区的技术创新强度不但会受到当地财政支出政策的影响，也会受到邻近省域的财政支出政策的影响。

据此，结合前面的理论分析，以及此处的局域空间相关性 LISA 分析，我们将前面提出的两点假设做进一步的改进：

假设 1：财政支出竞争对技术创新产生负向的空间溢出效应；

假设 2：科教支出竞争对技术创新产生正向的空间溢出效应。

下面我们将借助空间杜宾模型（SDM）对以上两点假设展开实证检验。

5.6 空间效应的实证检验

5.6.1 指标选取、数据说明及模型的设定

1. 指标选取

杨宇和沈坤荣（2010）认为，可以从三个方面对技术创新的影响因素加以概括：一是政府科技因素，好的科技政策有助于满足技术创新活动对创新支出和创新人才的需求，利于保护创新成果、激励技术创新；二是制度因素，好的制度有助于降低交易成本，刺激创新要素的流动扩散；三是教育因素，教育有助于营造创新氛围，满足创新活动的人才需求。

本书对各变量的设置如下：

被解释变量。技术创新强度（ITA），以各省的技术创新强度表示，下面将进一步对技术创新强度进行测算。

解释变量。地方政府在财政支出总量上的竞争（FEC），选择"各省级财政支出同省级财政收入的比值"予以衡量，比值越大说明地方政府竞争的动机越强。为了进一步地考察地方政府在结构性支出上的竞争程度对区域技术创新的空间效应，特选取了与技术创新直接相关的财政科学技术支出（STE）和财政教育支出（FEE）的财政支出占比作为核心解释变量进行考察（汪辉平、王增涛，2017）。

　　控制变量。为避免因遗漏变量而导致产生内生性问题，本书控制了可能对技术创新强度指标产生影响的其他变量：（1）地方经济发展水平（GDP），采用人均 GDP 来表示，一地区的经济发展水平直接决定了该地区的技术创新能力（杜江等，2017）；（2）市场化程度（DOM），用各省份国有及国有控股工业企业资产比重来表示，比重越高，市场化的程度则越低（郝君富、文学，2013），并进行了逆向指标倒数化正向处理；（3）外商投资额（NFI），是国际间经济交往、技术扩散的重要形式，更是发展中国家获取先进技术的重要途径，在此用各省份外商投资企业投资总额，并经美元兑人民币汇率换算后予以表示（丛建辉，2013）；（4）地方对外开放程度（OPEN），采用地区进出口总额占本地 GDP 比重来表示，对外开放水平越高，越有利于创新技术的对外交流和吸收（杜江等，2017）。

　　关于技术创新强度指标的测算，新增长理论认为，研发投入是提升技术创新能力最为直接的动力。地方财政科技支出从 2006 年的 678.8 亿元，以年均增长 23.0% 的速度迅速增长到 2015 年的 3555.4 亿元；同时全国专利申请量也以年均增长 21.9% 的速度，从 2006 年的 268002 件上升到 2014 年 1302687 件。汪辉平和王增涛（2017）建议以地方财政科技创新支出和专利申请量等指标来反映地方的技术创新强度。此外，杨宇和沈坤荣（2010）也指出，技术创新指标应包括技术创新投入指标和技术创新产出指标。陶长琪（2017）的观点则更为全面，他认为技术创新是一个包含了创新研发投入→创新研发产出→产出成果转化三个阶段的过程。据此，在测算全国各省域技术创新强度（ITA）时，本书借鉴陶长琪（2017）构建的技术创新强度综合评价指标体系（见表 5-2），并进一步采用因子分析法计算得到综合因子得分，作为技术创新强度。原始数据均通过极值法进行了标准化处理。

表 5-2　　　　　　　　　　技术创新强度指标评价体系

一级指标	创新阶段	二级指标	符号
技术创新强度（ITA）	创新研发投入	研发经费内部支出	X1
		研发全时人员当量	X2
		新产品开发经费支出	X3
		科技支出占财政支出比重	X4

一级指标	创新阶段	二级指标	符号
技术创新强度（ITA）	创新研发产出	技术市场成交合同数	X5
		SCI、EI、ISTP 科技论文数	X6
		专利申请受理数	X7
		专利授权数	X8
	创新成果转化	高新技术产业主营业务收入	X9
		新产品销售收入	X10

依据因子分析累计方差贡献率不低于85%的原则，同时经过因子综合得分的计算，本书测算得到了2011～2015年全国30个省份的技术创新强度指数，由于所得因子得分有正有负，将因子综合得分转化成了更为直观的百分制标准分（见表5-3）。

表5-3　　　　　2011～2015年我国各省份技术创新强度指数测算结果

省份	2011 年	2012 年	2013 年	2014 年	2015 年	平均值	排序
广东	0.7196	0.7439	0.8806	0.9342	0.9700	0.8497	1
上海	0.7092	0.7868	0.8798	0.8796	0.9314	0.8374	2
北京	0.6949	0.7520	0.7630	0.8761	0.9484	0.8069	3
湖北	0.6837	0.7613	0.7965	0.8478	0.9062	0.7991	4
江苏	0.6206	0.7114	0.8066	0.8896	0.9562	0.7969	5
山东	0.7058	0.7076	0.8057	0.8496	0.9081	0.7953	6
浙江	0.6468	0.7032	0.8013	0.8664	0.9246	0.7885	7
黑龙江	0.7110	0.7449	0.7607	0.8301	0.8948	0.7883	8
内蒙古	0.6991	0.7409	0.7905	0.8371	0.8695	0.7874	9
河南	0.6829	0.7098	0.8158	0.8704	0.8415	0.7841	10
重庆	0.6367	0.6906	0.7871	0.9036	0.8899	0.7816	11
湖南	0.6599	0.7315	0.7900	0.7951	0.8859	0.7725	12
山西	0.6511	0.7495	0.7372	0.8546	0.8606	0.7706	13
江西	0.6368	0.7369	0.8021	0.8126	0.8551	0.7687	14
吉林	0.6300	0.6924	0.7891	0.8384	0.8887	0.7677	15
安徽	0.6523	0.6477	0.7950	0.7976	0.8840	0.7553	16
福建	0.6372	0.6755	0.7354	0.8160	0.9066	0.7541	17
天津	0.6239	0.6689	0.7400	0.8259	0.9100	0.7537	18

省份	2011年	2012年	2013年	2014年	2015年	平均值	排序
陕西	0.6265	0.6722	0.7248	0.8402	0.8978	0.7523	19
甘肃	0.6728	0.7152	0.7615	0.7533	0.8466	0.7499	20
四川	0.6370	0.6700	0.7572	0.7889	0.8890	0.7484	21
海南	0.6462	0.6934	0.7409	0.7839	0.8575	0.7444	22
辽宁	0.6850	0.6513	0.6834	0.7841	0.9011	0.7410	23
新疆	0.6894	0.7517	0.7103	0.7666	0.7813	0.7399	24
宁夏	0.6205	0.6730	0.7074	0.8274	0.8467	0.7350	25
河北	0.6460	0.7132	0.7313	0.7842	0.7861	0.7322	26
云南	0.6712	0.7498	0.6826	0.7072	0.7454	0.7112	27
青海	0.6064	0.6529	0.6881	0.8016	0.8014	0.7101	28
广西	0.6150	0.6821	0.7212	0.7315	0.7811	0.7062	29
贵州	0.6144	0.6804	0.6436	0.7007	0.7257	0.6729	30

注：各省份技术创新强度指数的排序按2011~2015年的五年平均值大小进行。

2. 数据说明

本书选择2011~2015年全国30个省份（其中西藏数据缺失，且不含港、澳、台地区）的面板数据，并以2011年为基期，经过价格指数换算，消除了价格因素的影响。全部数据均来源于历年《中国统计年鉴》《中国财政年鉴》《中国科技统计年鉴》以及EPS、中经网数据库。各变量指标的统计性描述如表5-4所示。

表5-4　　　　　　　　　　变量指标统计性描述

变量	平均值	标准差	最小值	最大值	观测值
技术创新指数	0.76	0.09	0.60	0.97	150
财政支出竞争	2.47	1.82	1.07	13.84	150
教育支出（%）	16.54	2.70	9.89	22.22	150
科学技术支出占比（%）	1.93	1.34	0.39	6.25	150
地方经济发展水平（元）	44566.89	21267.44	13119	107960.10	150
地方对外开放程度	0.30	0.35	0.04	1.55	150
市场化程度（%）	48.39	16.98	14.20	82.67	150
外商投资额（亿元）	7402.18	10451.03	178.51	48728.19	150

3. 模型的设定

财政支出通过调整政府公共服务的供给总量和结构，从而直接或间接地影响技术创新水平。为了考察财政支出竞争对技术创新在空间上的影响方向和程度，本书采用空间杜宾模型（SDM）的一般形式（Lesage，2009），面板数据模型设置如下：

财政支出总量模型：

$$\ln ITA_{it} = c + \rho \sum_{j=1}^{30} w_{it} \ln ITA_{it} + \beta_1 \ln FEC_{it} + \beta_2 \ln GDP_{it} + \beta_3 \ln DOM_{it}$$
$$+ \beta_4 \ln NFI_{it} + \beta_5 \ln OPEN_{it} + \theta_1 \sum_{j=1}^{30} w_{it} \ln FEC_{it} + \theta_2 \sum_{j=1}^{30} w_{it} \ln GDP_{it}$$
$$+ \theta_3 \sum_{j=1}^{30} w_{it} \ln DOM_{it} + \theta_4 \sum_{j=1}^{30} w_{it} \ln NFI_{it}$$
$$+ \theta_5 \sum_{j=1}^{30} w_{it} \ln OPEN_{it} + \mu_i + \lambda_i + \varepsilon_{it} \tag{5.1}$$

财政支出结构模型：

$$\ln ITA_{it} = c + \rho \sum_{j=1}^{30} w_{it} \ln ITA_{it} + \beta_1 \ln FEE_{it} + \beta_2 \ln STE_{it} + \beta_3 \ln GDP_{it}$$
$$+ \beta_4 \ln DOM_{it} + \beta_5 \ln NFI_{it} + \beta_6 \ln OPEN_{it} + \theta_1 \sum_{j=1}^{30} w_{it} \ln FEE_{it}$$
$$+ \theta_2 \sum_{j=1}^{30} w_{it} \ln STE_{it} + \theta_3 \sum_{j=1}^{30} w_{it} \ln GDP_{it} + \theta_4 \sum_{j=1}^{30} w_{it} \ln DOM_{it}$$
$$+ \theta_5 \sum_{j=1}^{30} w_{it} \ln NFI_{it} + \theta_6 \sum_{j=1}^{30} w_{it} \ln OPEN_{it} + \mu_i + \lambda_i + \varepsilon_{it} \tag{5.2}$$

模型（5.1）和模型（5.2）分别为财政支出总量模型和财政支出结构模型。其中，i 和 t 表示第 i 个省份在第 t 年时的数据，被解释变量 ITA_{it} 表示产业生态化水平；解释变量 FEC_{it} 表示财政支出总量竞争，FEE_{it}、STE_{it} 分别表示教育支出、科学技术支出；控制变量 GDP_{it}、DOM_{it}、NFI_{it}、$OPEN_{it}$ 分别表示经济发展水平、市场化程度、外商投资额、对外开放程度；$\theta_1 \sim \theta_6$ 表示各解释变量和控制变量的溢出效应，为正数时意味着存在正向的溢出效应，为负数时意味着存在负向的溢出效应；ρ 是空间回归系数，表示样本观测值相互间的依赖作用，在本书也就是一省份的观测值对其邻近省域技术创新强度观测值的影响；μ_i 为随机误差项。为了避免可能存在的共线性问题，所有变量均取对数。

5.6.2　实证检验与结果分析

经过前面的分析，财政支出竞争与技术创新水平存在空间自相关性。接下来，本书将借助已设定好的空间杜宾模型（SDM），分别就财政支出总量和结构竞争对技术创新的空间溢出效应分区域展开实证检验。另外，空间经济学和新地理经济学理论强调，经济发展水平相当或空间地理位置相邻近的地区，在经济活动上存在更为明显的空间互动关联。结合前面时空特征分析所得结论，即中国地方财政支出竞争和技术创新能力存在显著的区域非均衡的特征，且主要呈现出东、中、西部区域差异明显的空间格局。因此，有必要在经济区域划分的基础上对中国三大区域间财政支出竞争和技术创新的空间关系做进一步的考察。

1. 财政支出竞争对技术创新的空间效应

财政支出竞争对技术创新的空间效应如表 5－5 所示。

表 5－5　　财政支出竞争（*FEC*）对技术创新（*ITA*）影响的 SDM 模型估计结果

自变量	技术创新（*ITA*）							
	全国		东部		中部		西部	
	(1)	(2)	(3)	(4)	(5)	(6)	(7)	(8)
ln*FEC*	0.183 (0.358)	0.418 (0.365)	0.539** (0.254)	1.029*** (0.369)	-0.835** (0.389)	-0.571** (0.266)	-0.667* (0.387)	-0.455* (0.264)
ln*GDP*	—	-0.571** (0.266)	—	-0.415* (0.249)	—	-0.483* (0.275)	—	-0.082 (0.764)
ln*DOM*	—	1.314*** (0.408)	—	2.702*** (0.322)	—	0.506** (0.253)	—	0.652* (0.371)
ln*NFI*	—	0.183 (0.358)	—	0.570 (0.427)	—	0.51** (0.255)	—	0.494* (0.288)
ln*OPEN*	—	0.559 (0.488)	—	1.372*** (0.492)	—	-0.835** (0.389)	—	-0.667* (0.387)
W×ln*FEC*	0.001* (0.100)	0.455*** (0.264)	0.640* (0.380)	0.801*** (0.335)	0.539** (0.254)	0.864*** (0.407)	0.130 (0.257)	0.435 (0.326)
W×ln*GDP*	—	-0.328** (0.153)	—	-0.228* (0.136)	—	-0.286* (0.162)	—	-0.070 (0.651)

自变量	技术创新（*ITA*）							
	全国		东部		中部		西部	
	（1）	（2）	（3）	（4）	（5）	（6）	（7）	（8）
$W \times \ln DOM$	—	0.951 *** （0.295）	—	0.165 *** （0.199）	—	0.684 ** （0.342）	—	0.279 * （0.158）
$W \times \ln NFI$	—	−0.571 ** （0.266）	—	0.259 *** （0.312）	—	0.308 ** （0.154）	—	0.301 * （0.175）
$W \times \ln OPEN$	—	1.095 *** （0.458）	—	−0.243 * （0.364）	—	0.554 ** （0.277）	—	0.513 * （0.298）
ρ	1.856 *** （0.360）	0.847 ** （0.425）	0.625 * （0.375）	0.739 * （0.435）	2.182 *** （0.458）	0.937 * （0.536）	1.653 *** （0.347）	0.743 * （0.425）
R^2	0.856	0.967	0.767	0.637	0.667	0.886	0.738	0.878
Log *L*	244.86	255.34	223.81	255.88	204.74	240.28	257.09	266.85

注：＊、＊＊、＊＊＊分别表示在10%、5%、1%的水平上显著。方程（2）、方程（4）、方程（6）、方程（8）均控制了控制变量。

（1）本地直接效应。

第一，全国层面看，ln*FEC* 的影响系数为 0.418，本地效应不显著。政府扶持释放了重视创新的信号，在一定程度上降低了企业的创新成本，有效减少了技术创新的风险，研发资本的创新效应得以发挥。但政府并非处于技术和市场前沿，其投资决策可能表现出"政府失灵"，对创新项目的投资可能存在较为普遍的资源错配问题，导致创新要素流向创新效率和收益较低的领域。同时，企业的短期收益偏好和政府的长期规划考量的矛盾性约束了企业创新活动的投入。在正反效应的交互作用下，支出政策对技术创新的影响不显著成为可能。

第二，分区域看，东、中、西部区域 ln*FEC* 的影响系数分别为 1.029、−0.571、−0.455，均具有不同程度的显著性。由于区域经济发展水平和创新要素禀赋上的差异，财政支出竞争对区域技术创新的影响在方向和程度上各不相同。东部地区在依靠技术创新助推产业升级，实现动能转换的发展路径上走在了全国前列，表现为通过扩大科教等民生性支出，营造良好的创新环境，吸引创新要素流入，提升区域技术创新水平。比较而言，中、西部地区由于受财政能力有限、支出约束较强等现实条件的硬约束，在支出方向选择时更倾向于短期经济效益明显的基础设施建设领域，而忽视了创新投入。

（2）空间溢出效应。

第一，全国层面看，$W \times \ln FEC$ 的影响系数为 0.455，具有显著的正向空间溢出效应（拒绝假设 1）。地方政府间形成了以创新要素为竞争对象的策略模仿行为。在以 GDP 为中心的政府官员绩效考核体系下，加之国家创新驱动发展战略的驱动，地方政府产生了强烈的开展创新活动的愿望。一地区的创新财政政策的实施，往往会引发其他地方政府对在"GDP 锦标赛"中落后的担忧，继而对创新财政政策竞相模仿，从而产生地方政府间空间策略互补现象。

第二，分区域看，东、中、西部区域 $W \times \ln FEC$ 的影响系数分别为 0.801（显著）、0.864（显著）、0.435（不显著）。东、中部区域内部的财政支出竞争对邻近省域产生了正向的空间溢出效应，但在西部区域内部这种溢出效应并不显著。本书的解释是：由于东、中部区域所面临的财政支出约束较西部区域弱，区域内部地方政府间的竞争更为激烈，相互间的策略互动加速了创新要素的自由流动，另外随着市场化改革的深化，尤其是东部地区经济一体化进程的加快，地区间经济联系的强化为技术空间溢出创造了有利条件；而西部区域由于财政能力有限，地方政府竞争不足，技术创新在邻近地区间的辐射作用难以得到有效发挥。

2. 科教支出对技术创新的空间溢出效应

科教支出对技术创新的空间溢出效应如表 5 - 6 所示。

表 5 - 6　　　　　科教支出对技术创新（*ITA*）影响的
SDM 模型估计结果

自变量	技术创新（*ITA*）							
	全国		东部		中部		西部	
	(1)	(2)	(3)	(4)	(5)	(6)	(7)	(8)
ln*STE*	0.204 **	0.435 ***	0.431 ***	0.553 ***	0.182 *	0.259	0.259	0.022
	(0.102)	(0.171)	(0.129)	(0.179)	(0.091)	(0.272)	(0.193)	(0.215)
ln*FEE*	- 0.323 *	- 0.711 **	0.430 *	1.221 ***	0.364 *	0.019	0.016	0.269
	(0.215)	(0.331)	(0.254)	(0.339)	(0.201)	(0.168)	(0.634)	(0.430)

自变量	技术创新（ITA）							
	全国		东部		中部		西部	
	（1）	（2）	（3）	（4）	（5）	（6）	（7）	（8）
$\ln GDP$	—	-0.410* (0.237)	—	0.608* (0.359)	—	-0.566** (0.272)	—	0.293 (0.537)
$\ln DOM$	—	-0.392 (0.319)	—	2.342* (0.223)	—	0.404* (0.231)	—	0.221 (0.319)
$\ln NFI$	—	0.436** (0.218)	—	1.081*** (0.249)	—	0.042* (0.220)	—	0.571** (0.279)
$\ln OPEN$	—	0.545* (0.301)	—	0.637** (0.317)	—	0.573** (0.290)	—	0.574*** (0.140)
$W \times \ln STE$	-0.411* (0.235)	-0.496** (0.231)	-0.264* (0.132)	-0.201* (0.112)	-0.138* (0.092)	-0.327** (0.158)	-0.384* (0.214)	-0.290* (0.151)
$W \times \ln FEE$	0.396 (0.345)	0.486* (0.272)	0.448* (0.259)	-0.682* (0.390)	-0.411* (0.235)	-0.496** (0.231)	-0.226* (0.130)	-0.493* (0.289)
ρ	0.759** (0.381)	1.676*** (0.325)	0.746** (0.373)	1.028* (0.602)	0.682* (0.390)	1.49*** (0.312)	3.165*** (0.377)	0.684* (0.412)
R^2	0.563	0.555	0.653	0.524	0.768	0.616	0.545	0.777
$\text{Log } L$	248.23	260.97	304.2	256.67	279.89	258.51	266.03	293.29

注：*、**、***分别表示在10%、5%、1%的水平上显著。方程（2）、（4）、（6）、（8）均控制了控制变量。

（1）本地直接效应。

科学技术支出。第一，全国层面看，$\ln STE$ 的回归系数为0.435，本地效应显著。科学技术支出的增加带动了创新要素的投入，有助于矫正知识积累过程中产生的技术外部性，一定程度上降低了企业的创新成本，有效减少了技术创新的风险，弥补了技术创新领域的"市场失灵"。第二，分区域看，东、中、西部 $\ln STE$ 的回归系数分别为0.553（显著）、0.259（不显著）、0.022（不显著）。科学技术支出对技术创新的影响程度呈现出"东部＞中部＞西部"的格局，这一结果主要反映了区域间财政能力和经济发展水平的差异。东部区域具有相对更为充足的科技投入，同样也获得了相对更多的创新产出。西部区域受限于财政能力弱、工业化相对滞后等现实条件，直接导致创新产出不足。而中部区域的科学技术支出未能发挥对技术创新的促进作用。造成中部地区上述情形的可能是以下三方面原因。一是可能存在信息不对称。信息的不对称增加了政府在资金扶持对象选择上的搜寻成本，易导致政府资金错配，投入缺乏针对性。二是源自政府资金投入的无偿性。政府资金的无偿性特征易导致创新主体在技术资金的安排和使用上出现低效率。三是引发创新寻租。由于政府所掌握的公共权力和公共资源往往被特殊利益集团觊觎，政府主导的创新资源投入过程可能存在寻租现象，导致创新资源被少数较强创新主体瓜分。

教育支出。第一，全国层面看，$\ln FEE$ 的回归系数为 -0.711，本地效应显著。政府的过度干预导致创新要素的流入超出本地需求。一方面造成创新资源拥挤和要素配置结构的扭曲，损害了创新效率；另一方面若创新要素良莠不齐，过量的流入势必加剧区域竞争，易产生"劣币驱逐良币"的现象。第二，分区域看，东、中、西部 $W \times \ln FEE$ 的回归系数分别为 1.221（显著）、0.019（不显著）、0.269（不显著）。东部区域教育支出对技术创新存在显著的正向影响，但在中、西部区域影响并不显著。东部区域的财政投入较中、西部区域更为充足，在基础教育已获得长足发展的情况下，更多的财政资金倾向于投向短期技术创新产出快的高等教育。但中、西部区域教育投入资金相对有限，在基础教育水平依旧落后的情况下，财政教育资金被优先安排投向基础教育领域。

（2）空间溢出效应。

科学技术支出。第一，全国层面看，$W \times \ln STE$ 的影响系数为 -0.496，具有显著的负向空间溢出效应（拒绝假设 2）。在国家创新驱动发展战略实施背景下，中国加快了财政支出结构优化的步伐。党的十九大指出，中国的主要矛盾已发生转变，以经济建设为主的财政支出结构也应顺应国情，逐步地向改善民生倾斜。近年来地方科教支出实现了较快增长，这有利于激励技术创新投入，提升区域创新水平。从回归结果看，科学技术支出却在空间上产生了负向的溢出效应。普雷维什（Prebish）于 1949 年系统阐述的"中心—外围"理论指出，"中心—外围"结构并非为相互独立存在的体系，恰恰相反，它们是作为相互联系、互为条件的两极而存在的，构成了一个统一、动态的经济体系，且相互间的动态关系往往表现为"虹吸效应"。对此，依据"中心—外围"理论，中心地区财政科技支出的增加，会对邻近地区的创新要素（主要是创新资本和创新人才）产生"虹吸效应"，导致区域创新要素进一步地向中心地区集聚，引发外围地区创新要素的流失，进而对其创新活动产生负面效应。第二，分区域看，东、中、西部 $W \times \ln STE$ 的回归系数分别为 -0.201、-0.327、-0.290，均通过显著性检验。结果表明，东、中、西部区域内部财政科学技术支出对邻近地区均产生了负向的空间溢出效应。原因可能在于：东部区域内部较区域间的发展程度更为均衡，省域间对创新要素的相互吸引力有限，更趋于形成一体化经济区，因此相互间的负向溢出效应也就更弱；而中、西部区域内部省域间的差异要大于东部区域，如湖北、四川等省份在空间上处于有利的核心位置，对邻近省域具有明显的"虹吸效应"。

教育支出。第一，全国层面看，$W \times \ln FEE$ 的影响系数为 0.486，具有显著的正向空间溢出效应（支持假设2）。教育支出在空间上产生了正向的溢出效应，原因可能在于教育支出溢出效应的产生主要是通过经济集聚、人口迁徙等方式得以实现，对人力资本的提升具有普遍性，同时对邻近地区的教育投入也能产生良好的示范作用。第二，分区域看，东、中、西部 $W \times \ln FEE$ 的回归系数分别为 -0.682、-0.496、-0.493，东、中、西部区域均呈现出显著的负向的空间溢出效应。这一结果似乎有悖于我们的一般认识，本书的解释是：一方面，自计划经济时代以来，中国各地区的教育基础水平就存在较大差异，地方政府对教育事业投入的增加，在促进自身创新人力资本积累的同时，也将对周边地区的创新人力资本产生"虹吸效应"；另一方面，地方政府间的竞争将进一步加剧财政资金更多地向经济增长效果更为显著的基础设施建设领域倾斜，导致回报周期长的教育支出被挤占；地方政府在竞争中增加基建支出，抑制教育支出的行为被邻近地区竞相模仿，导致区域整体范围内技术创新能力被削弱。

变量的空间效应并非本书考察的重点，在此不做赘述。

5.7 结论与政策建议

本书采用 2011～2015 年的省级面板数据，借助空间杜宾模型实证检验了地方财政支出总量和结构竞争对技术创新影响的空间溢出效应。研究发现中国省域财政支出竞争和技术创新均具有显著的空间自相关性，得出以下几点结论：

（1）财政支出竞争。全国层面看，财政支出总量竞争对技术创新的影响存在显著的正向空间"溢出效应"，地方政府间出现了以创新要素为竞争对象的策略模仿行为。分区域看，东、中部区域内部的人均财政支出对邻近省域产生了正向的空间溢出效应，但在西部区域内部这种溢出效应并不显著。

（2）科教支出竞争。无论是在全样本还是分区域样本考察下，科学技术支出竞争对技术创新均具有显著的负向空间溢出效应。对此，普雷维什于1949年系统阐述的"中心—外围"理论中的"虹吸效应"观点是这一现象的有力解释。全国层面看，教育支出竞争对技术创新的影响产生了正向的溢出效应，有效发挥了其应有的示范效应；分区域看，东、中、西部区域均呈现出显著的负向空间溢出效应。

据此，本章的政策建议可概括为：

（1）加快推进市场化改革，进一步打破地方保护主义的行政壁垒，以提升区域市场化程度，为创新要素的自由流动创造条件。

（2）强化地方政府间公共资源的共享与合作机制，构建良好的区域创新环境，避免创新要素的过度流失。

（3）充分发挥中央政府在地方政府竞争中的"协调者"作用。进一步加大中央财政科教资金对中、西部地区的转移支付力度，推进公共财政对技术创新投入的均等化，以缩小区域间创新能力差距。

第 6 章

结论与展望

6.1 研究重点回顾与主要结论

6.1.1 构建了产业升级的内涵分析框架

1. 产业升级的内涵范围

分别从管理学和经济学视角,对国内外"产业升级"主题相关文献进行了梳理、总结和归纳,构建了一个包含产业结构升级、产业生态化以及技术创新三方面的产业升级内涵分析框架,并进一步地从以上三方面认识了财政和产业升级的关系。

2. 产业升级、产业转型以及产业结构升级三者关系

在文献分析的基础上,进一步厘清了产业升级、产业转型以及产业结构升级三者关系,通过剖析三者相互间的区别与联系,提出三者的内涵关系范围应为产业转型 > 产业升级 > 产业结构升级,为下面科学准确地展开研究明晰了方向。

3. 产业结构升级的实质在于要素禀赋结构升级

现有研究多从三次产业结构比重角度认识产业结构升级,但产业结构是各种构成要素之间量的比例以及质的联系所构成的一个有机整体,是一种资源配置的结果。进一步讲,产业结构就是社会资源的组合状态,不同的资源配置组合状态形成了不同的产业结构,从要素视角认识产业结构的

观点也得到了索罗（Solow，1956）、巴罗（Barro，1990）、陈其林（2000）、徐朝阳和林毅夫（2011）等国内外专家学者的认可。经济结构内生于要素禀赋结构，产业结构升级其实质在于要素禀赋结构升级，任意时点上劳动、资本和技术等要素的丰裕程度内生决定了经济体的产业结构类型。据此，本书认为中国产业结构升级的方向应定位于：在协调三次产业比例失衡的同时，着力推进要素禀赋结构升级，实现初级要素密集型产业向高级要素密集型产业转变；就财政支出对产业结构升级效应的考察，应进一步地从要素禀赋结构升级视角展开。

6.1.2　揭示了地方财政支出的产业升级空间效应的形成机理

1. 财政支出对产业结构升级空间效应的形成机理

（1）财政支出作用产业结构升级的传导机制。财政支出政策影响着产业结构升级的方向、力度和效率，是产业政策的重要组成部分，其作用机制的核心在于如何使社会总资源在产业间得到合理配置和有效利用，财政支出政策透过各类支出工具，有效地渗透于产业发展的全过程，成为产业结构升级的实现机制。其作用过程可以简单地描述成：财政支出→影响产业需求结构、要素禀赋结构→影响企业投资、决策行为→影响产业结构升级。可分别从支出总量和支出结构两个方面予以考察，且财政支出推动产业结构升级主要有"三次产业结构升级"和"要素禀赋结构升级"两条传导路径。

（2）财政支出竞争作用产业结构升级的空间溢出效应形成机理。一是财政支出竞争是政府竞争的主要手段之一，影响着地方政府行为以及辖区资源要素的充裕度，在产业结构升级过程中发挥着重要的区位定向引导功能，引导各类资源要素在产业内和区域间流动、配置、扩散以及溢出，对于强化产业发展的外部联系、空间集聚具有重要影响。

二是区域间要素禀赋差异越大，要素结构的互补性就会越强。而对于要素禀赋差异较大的邻近地区，寻求产业一体化合作的诉求也会越高，要素在两地间的流动速度也会得到提升。可见，区域间的差异化和互补性是助推要素流动，实现区域产业一体化合作的先决条件。

三是资本要素具有天然的趋利本性和较强的流动性，是引发地区间为经济发展展开争夺的重要生产要素。在市场经济条件下，资本要素的自由流动总是遵循从低回报区向高回报区流动的路径，根本上体现的是投资区位选择的过程。

四是要素流动引发产业集聚和扩散。产业的集聚和扩散是一种经济活动过程中的空间现象。产业的集聚和扩散机制的作用过程表现为产业发展过程中要素变化带来的"洼地"效应、自我集聚效应以及锁定效应。

2. 财政支出对产业生态化空间效应的形成机理

由于外部性的存在，公共财政政策具有明显的溢出效应。财政支出政策通过地域辐射以及产业联动效应产生示范和拉动作用。生态产业市场发育程度较高的辖区往往对邻近地区的生态产业市场发育氛围产生激励性提升作用，进而形成流通互助、规模更大、更为成熟的市场。本书认为，财政支出对产业生态化空间溢出效应可从以下三方面加以概括。

（1）生态要素跨区域流动。在相同经济增长目标驱动下，差异化的要素禀赋和增长潜力诱导着地方间呈现出差异化的财政支出模式，对引导生态要素的跨区域流动发挥着重要作用。具体表现为：第一，政府与市场的关系处理不当，易引发生态要素的跨区域流动；第二，企业行为受市场价格机制影响，通过"用脚投票"对地方公共政策做出反应；第三，在财政分权体制下，地方政府间权责归属模糊不清，也会引发邻近地区为争夺资源要素而产生连锁反应。

（2）经济发展水平和财政能力差异。地区间经济发展水平和财政能力的异质性影响着地方政府竞争策略选择、财政支出竞争敏感性以及竞争效应的程度。地理位置相邻或经济发展程度相当的地区更有可能展开竞争。而在经济发展程度不一的地区，竞争程度受财力的影响，常表现为：财力丰富、约束程度较低的地区更有可能展开竞争；而对于经济基础条件落后、财力欠佳的地区而言，常选择放弃相似性竞争策略，转而采用异质性的竞争策略。

3. 财政支出对技术创新空间效应的形成机理

（1）科教支出作用技术创新的传导机制。第一，科学技术支出的技术创新效应可以通过一个"结构—过程"分析框架进行描述，其财政科技投入—产出的传导路径依次通过"财政科技投入→知识积累→技术进步→创新产出"各环节，具体表现为两个方面。一是财政科技投入→企业研发投入→企业研发产出→企业成果专利申请→企业新产品。这条传导路径描述了政府通过科技投入的扶持方式给予技术优势企业支持，企业获得政府研发资助后，通过研发过程转化成技术成果，并以专利和新产品的形式实现创新产出。二是财政科技投入→研发机构 R&D 经费投入→研发机构 R&D 成果→研发机构专利申请。该传导路径描述的是：政府通过财政科技支出将研发经费投入公共研发机构进行基础性研究，在增加知识存量的同时，最终形成的研发成果以专利形式呈现。第二，教育支出对技术创新的影响主要体现在两个方面。一是形成投资和结构效应。作为一种社会性投资，教育支出的增加直接作用于技术创新；同时，教育支出的增加也将从支出结构上对其他类型投资产生挤入或挤出效应。二是知识积累效应。内生增长理论肯定了人力资本以及技术进步是实现经济增长的内生动力，人力资本存量增加的主要途径是通过教育投入产生知识积累形成技术创新动力，进而推动经济增长。

（2）地方政府竞争策略互动。中国式分权下的政治和经济激励机制加剧了地方政府竞争。地方政府竞相通过影响企业生产行为决策，进而对企业乃至整个区域的技术创新水平产生影响，竞争策略既可能产生示范效应也可能引发恶性竞争。

（3）科教支出对技术创新的空间溢出效应的形成机理。地方政府科教支出竞争的技术创新空间溢出效应产生的全过程具体可描述为：一地区致力于改善辖区创新软环境、增加创新投入的政府行为往往被邻近地区模仿，这种对邻近地区财政政策的模仿和学习引发了技术创新效应的空间外溢。本书认为，财政支出竞争对技术创新的空间溢出效应的形成机理可以从三方面加以概括：一是支出竞争的有效性；二是创新要素的跨区域流动；三是技术创新能力的地区差异。

6.1.3 实证检验了地方财政支出对产业升级的空间效应

1. 时空非均衡特征显著

为了对全国省级地方的财政支出和产业升级状况有一个清晰的了解，

本书对各指标数据进行了时空演变特征分析，并进一步地借助 ArcGIS 软件，通过绘制空间地图以更为直观的方式予以展示，从而更为准确地总结各变量的时空演变规律。

（1）财政支出总量与结构的时空非均衡特征。2011～2015年，各变量在空间分布上均呈现出较为显著的空间非均衡特征。第一，财政支出竞争强度在空间分布上具有明显的非均衡特征。整体而言，竞争强度最大的是西部地区，其次是中部地区和西部地区。第二，教育支出占比分布情况总体表现为"东部 > 中部 > 西部"的格局，且五年间的分布格局未发生较大变化。第三，科学技术支出在空间上同样呈现出"东部 > 中部 > 西部"的空间非均衡特征，但非均衡的态势正逐步减弱。第四，一般公共服务支出整体呈现出"中、西部 > 东部"的格局，但高比重的省份明显大面积减少，而低比重的省份大面积增加，空间非均衡特征趋于减弱。第五，政府投资性支出呈现出"西部 > 中部 > 东部"的空间格局，但高比重和低比重的省份均有增加，空间非均衡性呈现出逐步扩大的趋势。第六，节能环保支出呈现出"中、西部 > 东部"的空间格局，五年间分布的空间格局略有变化，主要表现为比重较大的省份和比重较小的省份均略有增加，空间非均衡格局呈现出扩大的趋势。

（2）产业升级的时空非均衡特征。本书通过构建指标体系，对要素禀赋结构升级、产业生态化以及技术创新实现了量化，并在此基础上展开了时空演变分析，发现全国省级地方在产业升级各方面的时空演变同样具有显著的空间非均衡特征。第一，要素禀赋结构升级明显，在空间上呈现出资本要素高密集度地区逐步增加，低密集度地区逐步减少的演进态势。第二，产业生态化水平呈现出"东部 > 中部 > 西部"的空间分布格局，但随着中国产业生态化整体水平的不断提升，地区间差距呈现逐步缩小的趋势。第三，技术创新强度基本呈现出"东部 > 中部 > 西部"的空间格局，低水平省份逐步减少，而较高水平省份趋于增加，呈现整体水平提升的态势。

2. 本地直接效应检验结果

（1）财政支出竞争对产业结构升级的本地直接效应。财政支出在总量上抑制了三次产业结构升级，却促进了要素禀赋结构升级。在财政支出结构上，教育支出未充分发挥其对三次产业结构应有的促进作用，而有效促进了要素禀赋结构升级，但效果有限；科学技术支出显著促进了三次产业结构升级，但受限于支出效果的滞后性，其对要素禀赋结构升级的促进作用有限。一般公共服务性支出属于纯消耗性支出，对三次产业结构升级和要素禀赋结构升级均表现出显著的抑制作用。

（2）财政支出竞争对产业生态化的本地直接效应。

财政支出总量竞争效应。财政支出竞争发挥了对社会资本的引导功能，同时通过乘数效应和挤入效应提升本地的产业生态化水平。分区域样本条件下，东、中、西部地区均显著提升了本地的产业生态化水平。

财政支出结构竞争效应。第一，节能环保支出对产业生态化具有挤入效应，能够有效抑制本地区的环境污染，提升当地的产业生态化水平。分区域样本条件下，呈现出"东部＞中部＞西部"的格局，各地区经济发展水平和财政能力的异质性决定了对发展绿色环保产业支持力度的差异。第二，科学技术支出对产业生态化具有挤入效应，科技支出有助于实现地区经济可持续增长，产业生态化的推进离不开生态技术的支撑。分区域样本条件下，呈现出"东部正向空间溢出，中、西部负向空间溢出"的格局。东部地区技术研发基础雄厚，技术模仿、扩散速度较快，中部地区的作用效果相对较小，西部地区财政能力有限，出现了生态技术研发资金投入不足的问题。第三，一般公共服务支出对产业生态化具有显著的挤出效应。一般公共服务支出占比的过快增长挤占了环保、科技、教育等具有正外部效应的支出比重，导致公共财政资源错位，抑制了产业生态化进程的推进。第四，政府投资性支出对产业生态化具有挤入效应，但作用有限。生产性支出的乘数效应在短期内成为资本成倍积累的重要推手，但其长期弊端显著，易挤占具有长期效应的非生产性支出，扭曲财政支出结构。分区域样本条件下，政府投资性支出对东部地区的影响小于中西部地区。

（3）财政支出竞争对技术创新的本地直接效应。

财政支出总量竞争效应。财政支出竞争对技术创新的本地效应不显著，可能原因在于政府并非处于技术和市场前沿，投资决策出现"政府失误"。分区域来看，呈现出"东部正向溢出，而中、西部负向溢出"的空间格局，这主要由区域经济发展水平、财政能力和创新要素禀赋差异所致。

财政支出结构竞争效应。 第一，科学技术支出的增加显著提升了技术创新水平，带动了创新要素投入，有助于矫正知识积累过程中产生的技术外部性，一定程度上降低了企业的创新成本，有效减少了技术创新风险，弥补了技术创新领域的"市场失灵"。分区域看，科学技术支出对技术创新的影响程度呈现出"东部 > 中部 > 西部"的格局，这一结果主要反映了区域财政能力和经济发展水平的差异。第二，教育支出显著降低了技术创新。政府的过度干预导致创新要素的流入超出本地需求。一方面造成创新资源拥挤和要素配置结构不合理，损害了创新效率；另一方面若创新要素良莠不齐，过量的流入势必加剧区域竞争，易产生"劣币驱逐良币"现象。分区域看，东部区域教育支出对技术创新存在显著的正向影响，但在中西部区域影响并不显著，东部区域的财政投入较中、西部区域更为充足。

3. 空间溢出效应检验结果

（1）财政支出竞争对产业结构升级的空间溢出效应。

财政支出总量竞争效应。 地方财政支出总量对要素禀赋结构升级存在显著的负向空间溢出效应，原因可能在于，竞争过程中忽视了相互间在经济水平、要素禀赋条件以及产业发展状况等方面的差异，诱发了"恶性竞争"，造成财政资源损耗，在产业升级过程中出现政府供给不足等问题。在区域间表现为：东、西部区域呈现正向溢出效应，而中部地区呈现负向溢出效应。东部发达地区已基本摆脱行政主导的经济增长模式，主要通过制度创新提升经济增长质量；中部地区的产业发展主要受限于"地方保护主义"；西部地区具有资本要素欠缺的要素禀赋结构特点，产业转移所带来的资源要素流入极大地满足了其产业发展的需求。

财政支出结构竞争效应。 一是教育支出。地方教育支出竞争具有正向空间溢出效应，但效应并不显著，可能是由于教育支出对人力资本积累的积极效应具有多期滞后的特征。在区域间呈现出中、西部区域正向空间溢出的特点，说明中部省份教育支出的增加对周边其他省份产生了正向的外部效应，可进一步地增加教育支出规模。东部地区负向的空间溢出效应，可能的原因是东部区域的政府教育投资有趋于饱和的可能。二是科学技术支出。地方科学技术支出对要素结构升级具有正向空间溢出效应,但不显著,原因在于从投入到产出融入新技术的产品需消耗一定的周期。分区域样本条件下,在东、中、西部区域均存在正向空间溢出效应,但在中、西部区域未通过显著性检验。东部省份的科学技术支出在知识外溢机制的作用下,进一步强化了省域间的经济联系;而中、西部邻近地方间的支出竞争往往采取人为设置要素壁垒和分割市场的方式展开,削弱了知识外溢机制的作用。三是一般公共服务支出。无论是在全样本条件下还是分区域样本条件下,一般公共服务支出对要素结构升级均具有负向的空间溢出效应。一方面是由于该类支出的增加对企业生产产生了挤出效应;另一方面可能支出的增加易引发行政效率下降和寻租现象的增加,诱发地方保护主义动机。四是地方政府投资性支出对要素结构升级具有负向空间溢出效应,地方政府间展开"投资竞赛"造成邻近地区要素结构的扭曲。分区域样本条件下,呈现"东、中部正向溢出,而西部负向溢出"的空间格局。东部地区的基础设施投资建设已趋于饱和,投资带来的经济增长边际效应逐步减弱;政府投资性支出竞争对中部地区的工业集聚具有积极影响,地区基础设施建设领域支出的增加,改善了企业投资的基础设施环境;在西部地区,增加政府投资性支出的政府行为更容易引发周边其他地方的策略模仿,但较为普遍的"囚徒困境"式的竞争博弈对竞争各方均产生了不利影响。

(2)财政支出竞争对产业生态化的空间溢出效应。

财政支出总量竞争效应。财政支出竞争具有负向的空间溢出效应。一方面是由于地方政府间出现竞争策略趋同化;另一方面为避免流动性要素流出,强化财政竞争策略错误的诱导有限的生态资源向与产业生态转型相背离的产业和部门流动。分区域样本条件下,东、中、西部地区均具有显著的正向空间溢出效应,且呈现出"西部>中部>东部"的空间格局。

财政支出结构竞争效应。第一,节能环保支出具有显著的负向空间溢出效应,出现了环境规制加强生态环境反而恶化的"绿色悖论"现象,这主要源自地方政府间的逐底竞争。分区域样本条件下,呈现出东部正向溢出效应，而中、西部负向溢出效应的格局。产业协同的展开、要素市场的整合以及区域一体化进程的加快，东部地区越来越呈现出内部协调发展的趋势；东部地区所淘汰的"高耗能、高污染、高排放"型产业，依照中国产业转移路径，主要流向了中、西部地区；且地方保护主义政策在欠发达地区更受欢迎。第二，科技支出的增加，带动了邻近省域产业生态化水平的提升，但由于支出效果存在滞后性，这一影响并不显著。分区域样本条件下，呈现出"东部正向溢出，中、西部负向溢出"的格局。科技支出的乘数效应在东部地区得到较为普遍的扩散，东部对中、西部地区呈现出"虹吸效应"，从而进一步制约了欠发达地区产业生态化水平的提升。第三，一般公共服务支出对产业生态化具有负向的空间溢出效应，这不仅抑制了本地的产业生态化水平，同时也阻碍了邻近省域的产业生态化进程，这可能与一般公共服务支出是以行政管理费支出为主的纯消耗支出属性有关。第四，政府投资性支出对产业生态化存在显著的正向空间溢出效应。自分税制改革以来，地方政府的支出责任得到强化，为获得充足的财政收入，通过增加政府投资性支出的方式以扩大税源。分区域样本条件下，政府投资性支出在各区域内部的正向溢出效应呈现出"西部＞中部＞东部"的格局。在东部经济发达地区，公众对政府投资性支出提升基础设施建设等公共服务的需求已得到较好满足，支出的边际效益开始收缩；而中、西部经济欠发达地区对进一步扩大经济性公共服务的挤入效应仍存在较大空间。

（3）财政支出竞争对技术创新的空间溢出效应。

财政支出总量竞争效应。财政支出竞争对技术创新具有显著的正向空间溢出效应，加之国家创新驱动发展战略的驱动，地方政府产生了强烈地开展创新活动的愿望。分区域来看，东、中部区域内部的财政支出竞争对邻近省域产生了正向空间溢出效应，但在西部区域内部这种溢出效应并不显著。东部和中部地区内部所面临的财政支出约束较西部区域较弱，区域内部地方政府间的竞争更为激烈，相互间的策略互动加速了创新要素的自由流动。

财政支出结构竞争效应。第一，科学技术支出对技术创新均产生了负向的空间溢出效应。对此，依据"中心—外围"理论，中心地区财政科技支出的增加，会对邻近地区的创新要素（主要是创新资本和创新人才）产生"虹吸效应"，导致区域创新要素进一步向中心地区集聚，引发外围地区创新要素的流失，进而对其创新活动产生负面效应。第二，教育支出在空间上产生了正向的溢出效应。原因可能在于教育支出溢出效应的产生主要是通过经济集聚、人口迁徙等方式得以实现，对人力资本的提升具有普遍性，同时对邻近地区的教育投入也能产生良好的示范作用。分区域来看，在东、中、西部区域均呈现出显著的负向空间溢出效应，一是受"虹吸效应"的影响，二是教育支出由于回报周期长被经济建设支出挤占。

6.2　有待进一步研究的问题

6.2.1　产业升级进程中政府与市场的角色

理想状态下的产业发展模式应遵循市场自身的运行机制，逐步从区域间产业发展的无序向有序系统转变。要素的跨区域流动在市场机制的引导和协调下有利于进一步深化区域间产业发展的相关性，不断优化资本—劳动和技术—劳动要素禀赋结构。当前，中国正处于全面深化改革和转型期，政府力量在社会经济发展进程中依旧扮演着不可或缺的角色。区域政府间的合作有助于打破阻碍要素自由流动的制度性障碍，为区域间要素流动营造便捷有序的氛围和条件，以强化区域合作的内部关联，助推区域产业升级。因此，由于中国各区域产业发展状况、协同治理状况以及社会经济发展程度差异的显著性存在，产业升级的推进应在坚持市场调控为主体机制的基础上结合政府行为，因地制宜，各有侧重。

6.2.2　财政支出结构偏向性问题

可进一步通过分析财政支出竞争的微观表现和现实状况，从地方政府间策略互动的角度探析中国经济增长的内在动因，以及产生支出结构偏向问题的根源。一方面，财政分权重新界定了中央政府和地方政府的事权与支出责任，地方政府自主权的扩大极大地刺激了其为发展地方经济展开"招商引资"以及大项目建设的决心。另一方面，分权背景下的政治晋升激励，极大地刺激了地方政府经济增长的动机，也表现为对地方政府支出结构的扭曲，产生较为严重的生产性支出偏向问题。此外，由于财政收入的有限性和支出的无限性特征，当改善投资环境、助力经济增长和提升社会福利的支出需求同时存在，且只能二选一时，地方政府常常倾向于选择前者而忽视后者。尤其从中国发展经验看，相对政绩考核下的政府竞争机制造就了地方政府"重基础设施建设，轻民生服务供给"的支出结构。

6.2.3 产业升级中的"转移支付"问题

中国当前产业结构失调问题尤为突出，产业结构在区域间的差异显著，尤其是工业结构质量、服务业发展滞后等问题极大地阻碍了产业升级，与此同时，要素的流动与产业升级是密不可分的。以上问题的合理有效解决是协调区域产业升级的关键所在。近年来，中国经济正从注重增长速度向注重增长质量转变，产业的发展亦是如此。产业发展整体质量的提升首先需要解决区域产业发展的过度非均衡问题，尤其需要提升欠发达地区的产业发展质量，而转移支付日益成为中央政府协调区域发展的重要手段。然而，从当前转移支付政策的实施效果来看，受限于中国"对上负责"机制，转移支付制度并不能合理有效地实现对区域产业升级的协调，地方政府更青睐于将有限的转移支付资金投向短期经济效应显著的经济建设领域，以快速实现经济增长。长期如此势必不利于产业升级的实现，甚至引发产业结构失衡的进一步加剧。

6.2.4 地方政府间的合作与竞争问题

毫无疑问，合作与竞争是当前中国地方政府间关系的两种最为基本的现实状态。但是，不管是趋于合作或是区域竞争的地方政府间关系均存在诸多问题亟待解决。因此，有必要通过协作来强化政府间合作，规范地方政府间的无序竞争。作为地区公共利益的代表者，理顺地方政府间关系有助于实现区域公共利益最大化。然而，现实问题在于地方政府的局部利益与区域整体利益的巨大落差往往被忽视。主要源自两方面原因：一是地方政府间无法实现有效合作，因地方政府官员追求自身利益最大化而无法协调；二是地方政府间的竞争有时表现为对上负责的"锦标赛式"的晋升激励。但必须清楚的是，不论是协调政府间的合作关系，还是规范政府间的竞争行为，都只是在一定程度上缓解地方政府间的利益冲突，而并不能完全实现地方政府局部利益最大化和区域整体利益之间的协调统一。如此也就可以解释为什么在京津冀、长三角以及珠三角等区域，即便政府间的协调与合作机制已趋于完善，但仍无法完全实现局部与整体利益的融合。本书认为，新时期地方政府间关系的形成，除了需要优化制度建设以外，还需强化宪政民主和法治管理。

6.3 研究展望

地方政府"亲资源要素"式的竞争常常带来竞争的无序、低效以及过度等问题，亟待向制度竞争模式转变，从制度层面重构地方政府间的竞争秩序。

在中国实施创新驱动发展战略背景下，转换经济增长动能，实现经济高质量增长需要进一步加快从要素驱动向创新驱动转变，其中创新驱动产业升级是重要抓手。接下来尤其需要关注的是，如何将创新政策的空间外溢影响区域产业升级的传导机制作深入分析。

需要将空间因素做进一步的拓展。本书主要分析了省级地方政府间的竞争，而对于"中央—地方"政府的竞争并未过多涉及，然而，在"中国式"财政分权背景下，中央政府在地方政府竞争过程中扮演者"协调者"角色，对于地方政府间竞争秩序的重建发挥着至关重要的作用。因此，接下来在产业升级这一问题上需要进一步地从"中央—地方"纵向竞争的视角进行理论与实证拓展。

财政支出竞争的空间效应在省级以下地方政府可能会产生更为显著的影响，因此接下来的研究方向应定位于：一是进一步的学习工具软件，实证检验省级以下政府竞争的空间效应，以及完善中央财政支出对产业升级的空间效应研究；二是对于拓展公共政策的研究范围不再局限于财政支出政策，应重点剖析其他政策工具对产业升级空间效应的形成机理；三是学习新经济地理学、空间计量经济学领域的新理论和新方法，以深入现有研究。

参 考 文 献

[1] 安苑、王珺：《财政行为波动影响产业结构升级了吗？——基于产业技术复杂度的考察》，载于《管理世界》2012年第9期。

[2] 白重恩、杜颖娟、陶志刚等：《地方保护主义及产业地区集中度的决定因素和变动趋势》，载于《经济研究》2004年第4期。

[3] 陈丹：《创意产业与珠三角产业转型升级研究》，暨南大学硕士学位论文，2008年。

[4] 陈志勇、陈莉莉：《财政体制变迁、"土地财政"与产业结构调整》，载于《财政研究》2011年第9期。

[5] 储德银、建克成：《财政政策与产业结构调整——基于总量与结构效应双重视角的实证分析》，载于《经济学家》2014年第2期。

[6] 蔡玉胜：《中国区域经济发展中地方政府竞争的特质性》，载于《中共福建省委党校学报》2006年第5期。

[7] 陈建军：《长江三角洲地区的产业同构及产业定位》，载于《中国工业经济》2004年第2期。

[8] 陈耀：《高技术产业的竞争战略选择——合作竞争的视角》，载于《管理世界》2005年第8期。

[9] 蔡建明：《产业结构调整：财政支出政策的效应分析》，载于《财政研究》2006年第12期。

[10] 蔡昉：《"中等收入陷阱"的理论、经验与针对性》，载于《经济学动态》2011第12期。

[11] 褚敏、靳涛：《为什么中国产业结构升级步履迟缓——基于地方政府行为与国有企业垄断双重影响的探究》，载于《财贸经济》2013年第3期。

[12] 陈其林：《产业结构变动的基本因素》，载于《中国经济问题》

2000 年第 4 期。

[13] 常远、吴鹏:《财政分权、产业结构调整与城乡收入差距》,载于《广东财经大学学报》2016 年第 5 期。

[14] 陈万钦:《要素转换整合对结构升级的意义》,载于《经济与管理》2017 年第 6 期。

[15] 陈工、唐飞鹏:《政府财政竞争对企业投资的影响——基于对地方政府效率的考虑》,载于《厦门大学学报(哲学社会科学版)》2010 第 5 期。

[16] 陈柳钦:《产业发展的可持续性趋势——产业生态化》,载于《未来与发展》2006 年第 5 期。

[17] 陈思霞、卢洪友:《公共支出结构与环境质量:中国的经验分析》,载于《经济评论》2014 年第 1 期。

[18] 蔡昉、都阳、王美艳:《经济发展方式转变与节能减排内在动力》,载于《经济研究》2008 年第 6 期。

[19] 崔亚飞、刘小川:《中国省级税收竞争与环境污染——基于 1998 ~ 2006 年面板数据的分析》,载于《财经研究》2010 年第 4 期。

[20] 丛建辉、刘学敏、朱婧等:《中小城市工业碳排放:核算方法与影响因素——以河南省济源市为例》,载于《资源科学》2013 年第 11 期。

[21] 曹坤、周学仁、王轶:《财政科技支出是否有助于技术创新:一个实证检验》,载于《经济与管理研究》2016 年第 4 期。

[22] 陈庆江、李启航:《社会研发资本积累提高了企业技术创新效率吗?》,载于《产业经济研究》2017 年第 1 期。

[23] 丁焕峰:《技术扩散与产业结构优化的理论关系分析》,载于《工业技术经济》2006 年第 5 期。

[24] 邓子基、方东霖:《公共财政与科技进步》,载于《厦门大学学报(哲学社会科学版)》2008 年第 3 期。

[25] 戴元晨:《中国宏观经济管理的几个问题》,载于《经济学动态》1993 年第 8 期。

[26] 董万好、刘兰娟:《财政科教支出对就业及产业结构调整的影响——基于 CGE 模拟分析》,载于《上海经济研究》2012 年第 2 期。

［27］邓旋：《财政支出规模、结构与城乡收入不平等——基于中国省级面板数据的实证分析》，载于《经济评论》2011 年第 4 期。

［28］丁芸、张天华：《促进新能源汽车产业发展的财税政策效应研究》，载于《税务研究》2014 年第 9 期。

［29］杜江、张伟科、范锦玲等：《科技金融对科技创新影响的空间效应分析》，载于《软科学》2017 年第 4 期。

［30］冯艳丽：《略论全球价值链外包体系与中国产业升级的动态关系》，载于《经济问题》2009 年第 7 期。

［31］范宝学：《增强我国自主创新能力的税收政策探讨》，载于《税务研究》2006 年第 6 期。

［32］方重、梅玉华：《借用"免、抵、退"税政策促进科技创新产品发展》，载于《税务研究》2009 年第 6 期。

［33］樊纲、张曙光：《经济效率与经济潜在总供给》，载于《中国社会科学院研究生院学报》1990 年第 5 期。

［34］范恒森：《中国地方经济发展模式》，中共中央党校出版社 2005 年版。

［35］冯兴元：《地方政府竞争》，译林出版社 2010 年版。

［36］傅强、朱浩：《中央政府主导下的地方政府竞争机制——解释中国经济增长的制度视角》，载于《公共管理学报》2013 年第 1 期。

［37］范子英、张军：《财政分权、转移支付与国内市场整合》，载于《经济研究》2010 年第 3 期。

［38］付文林：《财政分权、财政竞争与经济绩效》，高等教育出版社 2011 年版。

［39］范丽红、李芸达、程呈：《财政分权视角下经济增长与环境保护协调发展研究》，载于《经济纵横》2015 年第 6 期。

［40］方健雯、朱学新、张斌：《长江三角洲技术创新驱动机制的比较分析》，载于《软科学》2008 年第 2 期。

［41］樊琦、韩民春：《政府 R&D 补贴对国家及区域自主创新产出影响绩效研究——基于中国 28 个省域面板数据的实证分析》，载于《管理工程学报》2011 年第 3 期。

［42］冯兴元：《论辖区政府间的制度竞争》，载于《国家行政学院学报》2001年第6期。

［43］郭晔、赖章福：《货币政策与财政政策的区域产业结构调整效应比较》，载于《经济学家》2010年第5期。

［44］管治华：《碳税征收对经济增长与产业结构影响的实证分析》，载于《经济问题》2012年第5期。

［45］郭杰：《我国政府支出对产业结构影响的实证分析》，载于《经济社会体制比较》2004年第3期。

［46］顾瑞兰：《促进我国新能源汽车产业发展的财税政策研究》，财政部财政科学研究所博士学位论文，2013年。

［47］郭庆宾、张中华：《长江中游城市群要素集聚能力的时空演变》，载于《地理学报》2017年第10期。

［48］郭庆旺、贾俊雪：《政府公共资本投资的长期经济增长效应》，载于《经济研究》2006年第7期。

［49］国建业：《促进产业结构调整的财政政策取向》，载于《财经论丛（浙江财经大学学报）》2001年第3期。

［50］郭小东、刘长生、简玉峰：《政府支出规模、要素积累与产业结构效应》，载于《南方经济》2009年第3期。

［51］郭庆旺、贾俊雪：《地方政府间策略互动行为、财政支出竞争与地区经济增长》，载于《管理世界》2009年第10期。

［52］高培勇：《积极的财政政策"路线图"》，载于《中国产业》2013年第2期。

［53］郭守前：《产业生态化创新的理论与实践》，载于《生态经济（中文版）》2002年第4期。

［54］韩文博：《试论绿色财政》，载于《财政研究》2006年第1期。

［55］胡浩：《促进环首都经济圈"绿色产业"发展的公共财政对策研究》，载于《经济研究参考》2012年第34期。

［56］黄辉煌：《自主创新税收优惠政策的实证分析》，载于《涉外税务》2007年第11期。

［57］何梦笔、赵冬梅：《论中国转型中的内生性政治约束——一种演

化论的视角》，载于《国外理论动态》2013年第3期。

［58］何梦笔：《秩序自由主义》，中国社会科学出版社2002年版。

［59］黄干、马成：《"4万亿"的经济效应与财政投资结构优化——基于CGE建模的分析》，载于《经济学家》2012年第10期。

［60］郝宏杰：《财政支出、空间溢出效应与服务业增长——基于中心城市数据的空间杜宾模型分析》，载于《上海财经大学学报》2017年第4期。

［61］黄万华、白永亮：《非对称信息条件下支持环保产业财政政策效果的博弈分析》，载于《统计与决策》2010年第21期。

［62］何代欣：《促进新能源产业发展的财税政策：评估与调适》，载于《税务研究》2014年第9期。

［63］侯石安：《中国财政对农业投入的社会效益与生态效益评价》，载于《中南财经政法大学学报》2005年第6期。

［64］郝君富、文学：《市场化程度与社会网络的收入效应——基于农民工数据的实证研究》，载于《财经研究》2013年第6期。

［65］金艳清：《FDI对中部地区产业升级的影响研究》，南昌大学博士学位论文，2012年。

［66］贾莎：《税收"超速增长"之谜：基于产业结构变迁的视角》，载于《财政研究》2012年第3期。

［67］贾莎：《财政政策促进产业结构调整的经济效应研究》，武汉大学博士学位论文，2012年。

［68］贾康：《建设创新型国家的财税政策与体制变革》，中国社会科学出版社2011年版。

［69］蒋建军、齐建国：《激励企业R&D支出的税收政策效应研究》，载于《中国软科学》2007年第8期。

［70］靖学青：《长三角主要城市产业发展的区域定位和协调互动》，载于《上海经济研究》2004年第3期。

［71］江飞涛、陈伟刚、黄健柏等：《投资规制政策的缺陷与不良效应——基于中国钢铁工业的考察》，载于《中国工业经济》2007年第6期。

［72］金煜、陈钊、陆铭：《中国的地区工业集聚：经济地理、新经济

地理与经济政策》，载于《经济研究》2006 年第 4 期。

[73] 江曼琦、张志强：《产业空间集中影响因素探究——基于天津滨海新区制造业 32 个产业的面板数据分析》，载于《南开经济研究》2008 年第 1 期。

[74] 贾敬全、殷李松：《财政支出对产业结构升级的空间效应研究》，载于《财经研究》2015 年第 9 期。

[75] 江飞涛、武鹏、李晓萍：《中国工业经济增长动力机制转换》，载于《中国工业经济》2014 年第 5 期。

[76] 祁毓、卢洪友、徐彦坤：《中国环境分权体制改革研究：制度变迁、数量测算与效应评估》，载于《中国工业经济》2014 年第 1 期。

[77] 纪益成、胡卓娟、鲍曙明：《地方政府研发支出、策略互动行为与企业研发投入——基于空间效应和门槛特征的研究》，载于《吉林大学社会科学学报》2015 年第 5 期。

[78] 匡小平、肖建华：《我国自主创新能力培育的税收优惠政策整合——高新技术企业税收优惠分析》，载于《当代财经》2008 年第 1 期。

[79] 科斯：《制度、契约与组织》，经济科学出版社 2003 年版。

[80] 李江涛：《产业深化理论——一个新产业理论框架》，中共中央党校博士学位论文，2004 年。

[81] 刘志彪、王建优：《制造业的产能过剩与产业升级战略》，载于《经济学家》2000 年第 1 期。

[82] 李大明、李波：《货物和劳务税改革与产业结构升级》，载于《税务研究》2011 年第 8 期。

[83] 刘西明：《中国绿色财政：框架与实践浅述》，载于《中国行政管理》2013 年第 1 期。

[84] 李惠娟、朱福兴：《地方财政科技投入与科技创新的动态分析》，载于《科技管理研究》2008 年第 3 期。

[85] 李丽青：《我国企业 R&D 投资密度与融资政策的相关性研究》，载于《改革与战略》2008 年第 8 期。

[86] 雷明、虞晓雯：《地方财政支出、环境规制与我国低碳经济转型》，载于《经济科学》2013 年第 5 期。

［87］刘汉屏、刘锡田：《地方政府竞争：分权、公共物品与制度创新》，载于《改革》2003 年第 6 期。

［88］李一花、沈海顺、刘蓓蓓等：《"省直管县"财政改革对县级财政支出竞争策略的影响研究》，载于《财经论丛（浙江财经大学学报）》2014 年第 3 期。

［89］刘锡田：《中国地方政府竞争的制度基础与创新》，经济科学出版社 2004 年版。

［90］李春安：《我国地方政府经济竞争的研究》，中共中央党校博士学位论文，2004 年。

［91］刘亚平：《当代中国地方政府间竞争》，社会科学文献出版社 2007 年版。

［92］刘泰洪：《中国地方政府竞争的制度分析》，北京师范大学博士学位论文，2008 年。

［93］李永友、沈坤荣：《辖区间竞争、策略性财政政策与 FDI 增长绩效的区域特征》，载于《经济研究》2008 年第 5 期。

［94］林毅夫、刘志强：《中国的财政分权与经济增长》，载于《北京大学学报（哲学社会科学版）》2000 年第 4 期。

［95］刘培林：《地方保护和市场分割的损失》，载于《中国工业经济》2005 年第 4 期。

［96］林毅夫、刘培林：《振兴东北，不能采取发动新一轮赶超的办法》，载于《国际融资》2004 年第 4 期。

［97］李娅、伏润民：《为什么东部产业不向西部转移：基于空间经济理论的解释》，载于《世界经济》2010 年第 8 期。

［98］刘生龙、王亚华、胡鞍钢：《西部大开发成效与中国区域经济收敛》，载于《经济研究》2009 年第 9 期。

［99］李涛、黄纯纯：《分权、地方公共支出和中国经济增长》，载于《中国人民大学学报》2008 年第 3 期。

［100］刘俊英：《政府公共支出对区域经济协调发展的影响——基于中国省级面板数据的经验证据》，载于《经济问题探索》2013 年第 3 期。

［101］梁琦：《空间集聚的基本因素考察》，载于《衡阳师范学院学

报》2003 年第 5 期。

[102] 李涛、周业安：《中国地方政府间支出竞争研究——基于中国省级面板数据的经验证据》，载于《管理世界》2009 年第 2 期。

[103] 李涛、黄纯纯、周业安：《税收、税收竞争与中国经济增长》，载于《世界经济》2011 年第 4 期。

[104] 刘洪涛、郭菊娥、席酉民等：《金融危机背景下投资效应的社会核算矩阵分析》，载于《中国人口·资源与环境》2009 年第 2 期。

[105] 李新：《地方税收体制改革：基于调节我国产业结构的视角》，载于《扬州大学税务学院学报》2006 年第 12 期。

[106] 林亚楠：《地方财政保护对区域产业结构差异的影响及政策建议》，载于《统计与决策》2010 年第 15 期。

[107] 林毅夫：《自生能力、经济转型与新古典经济学的反思》，载于《经济研究》2002 年第 12 期。

[108] 雷艳红、王宝恒：《财政竞争力：政治学视角的规范分析》，载于《中国行政管理》2014 年第 5 期。

[109] 卢洪友、龚锋：《政府竞争、"攀比效应"与预算支出受益外溢》，载于《管理世界》2007 年第 8 期。

[110] 刘铭达：《经济结构调整与财政政策取向研究》，载于《财政研究》2000 年第 7 期。

[111] 吕志华：《持续增长条件下的最优财政支出结构研究——基于我国省际面板数据的测算》，载于《中央财经大学学报》2012 年第 4 期。

[112] 李普亮：《财政民生支出有助于稳增长和调结构吗》，载于《广东财经大学学报》2015 年 5 期。

[113] 鲁钊阳：《财政金融政策对民族地区产业结构升级的影响效应分析》，载于《贵州民族研究》2012 年第 6 期。

[114] 林毅夫：《新结构经济学——重构发展经济学的框架》，载于《经济学（季刊）》2010 年第 4 期。

[115] 黎峰：《要素禀赋结构升级是否有利于贸易收益的提升？——基于中国的行业面板数据》，载于《世界经济研究》2014 年第 8 期。

[116] 黎峰：《全球价值链下的国际分工地位：内涵及影响因素》，载

于《国际经贸探索》2015 年第 9 期。

[117] 刘胜、顾乃华、陈秀英：《全球价值链嵌入、要素禀赋结构与劳动收入占比》，载于《经济学家》2016 年第 3 期。

[118] 刘建民、胡小梅、吴金光：《省以下财政收支分权影响省域内产业转型升级的门槛效应研究——基于湖南省 14 市（州）数据的检验》，载于《财政研究》2014 年第 8 期。

[119] 刘建民、胡小梅：《财政分权、空间效应与产业结构升级基于 SDM 模型的经验研究》，载于《财经理论与实践》2017 年第 1 期。

[120] 罗富政、罗能生、李佳佳：《省级政府公共品供给与地区经济联系——基于外部性理论的经验分析》，载于《经济体制改革》2015 年第 2 期。

[121] 李寒娜：《政府财政支出对服务业技术效率提升的影响——基于长三角的实证研究》，载于《科技进步与对策》2014 年第 17 期。

[122] 卢方元、海婷婷：《政府在环保产业协同创新中的主导作用研究》，载于《科技进步与对策》2015 年第 10 期。

[123] 卢福财、饶超：《科研投入、成果转化与环保产业发展》，载于《江西社会科学》2014 年第 12 期。

[124] 卢洪友、张靖妤、祁毓：《新常态下经济结构调整与环境保护方向探析》，载于《环境保护》2015 年第 2 期。

[125] 李猛：《财政分权与环境污染——对环境库兹涅茨假说的修正》，载于《经济评论》2009 年第 5 期。

[126] 陆根尧、盛龙、唐辰华：《中国产业生态化水平的静态与动态分析——基于省际数据的实证研究》，载于《中国工业经济》2012 年第 3 期。

[127] 李晓嘉、蒋承、吴老二：《地方财政支出对居民消费的空间效应研究》，载于《世界经济文汇》2016 年第 1 期。

[128] 李永、孟祥月、王艳萍：《政府 R&D 资助与企业技术创新——基于多维行业异质性的经验分析》，载于《科学学与科学技术管理》2014 年第 1 期。

[129] 梅述恩：《嵌入全球价值链的企业集群升级机理研究》，华中科技大学博士学位论文，2007 年。

[130] 毛军、刘建民：《财税政策下的产业结构升级非线性效应研究》，载于《产业经济研究》2014年第6期。

[131] 庞明礼：《地方政府竞争的约束与激励：一个拓展研究》，载于《中南财经政法大学学报》2007年第5期。

[132] 皮建才：《发展与转型：理论、事实和比较》，北京大学中国经济研究中心，2008年。

[133] 彭锻炼：《FDI与公共支出促进经济增长的实证分析》，载于《中央财经大学学报》2007年第3期。

[134] 彭星：《环境分权有利于中国工业绿色转型吗？——产业结构升级视角下的动态空间效应检验》，载于《产业经济研究》2016年第2期。

[135] 钱颖一：《理解现代经济学》，载于《经济社会体制比较》2002年第2期。

[136] 柴江艺：《地方政府财政支出、"第三方"效应及经济外溢效应——基于空间计量面板数据的经验分析》，载于《社会科学家》2016年第8期。

[137] 钱颖一：《市场经济体制"基础设施"的建立与中央政府的作用》，载于《经济社会体制比较》1993年第2期。

[138] 邱磊：《地方政府竞争影响经济增长的动力机制研究》，载于《安徽大学学报（哲学社会科学版）》2017年第3期。

[139] 任勇、肖宇：《当代中国地方政府竞争的内涵、特征以及治理》，载于《内蒙古社会科学（汉文版）》2005年第2期。

[140] 苏东水：《中国国民经济管理学》，山东人民出版社1998年版。

[141] 孙文远：《产品内价值链分工视角下的产业升级》，载于《管理世界》2006年第10期。

[142] 孙克竞：《地方土地财政转型、产业结构优化与土地出让制度变革》，载于《经济管理》2014年第2期。

[143] 斯密：《国民财富的性质和原因的研究（下册)》，商务印书馆1972年版。

[144] 沈立人、戴园晨：《我国"诸侯经济"的形成及其弊端和根源》，载于《经济研究》1990年第3期。

[145] 桑瑞聪、刘志彪：《中国产业转移趋势特征和影响因素研究——基于上市公司微观数据的分析》，载于《财贸研究》2014 年第 6 期。

[146] 孙红玲：《论产业纵向集聚与财政横向均衡的区域协调互动机制》，载于《中国工业经济》2010 年第 4 期。

[147] 邵军：《地方财政支出的空间外部效应研究》，载于《南方经济》2007 年第 9 期。

[148] 邵文武、黄训江、王永军等：《要素流动、产业集聚与产业演化》，载于《科技管理研究》2017 年第 20 期。

[149] 沈坤荣、付文林：《中国的财政分权制度与地区经济增长》，载于《管理世界》2005 年第 1 期。

[150] 苏方林：《中国省域 R&D 溢出的空间模式研究》，载于《科学学研究》2006 年第 5 期。

[151] 孙早、刘李华、孙亚政：《市场化程度、地方保护主义与 R&D 的溢出效应——来自中国工业的经验证据》，载于《管理世界》2014 年第 8 期。

[152] 唐剑光、信息化：《海南产业升级的关键所在》，载于《琼州学院学报》1998 年第 1 期。

[153] 陶长琪、彭永樟：《经济集聚下技术创新强度对产业结构升级的空间效应分析》，载于《产业经济研究》2017 年第 3 期。

[154] 唐丽萍：《中国地方政府竞争中的地方治理研究》，上海人民出版社 2010 年版。

[155] 陶然、陆曦、苏福兵等：《地区竞争格局演变下的中国转轨：财政激励和发展模式反思》，载于《经济研究》2009 年第 7 期。

[156] 谭远发、曾永明：《我国低生育水平稳定机制的时空演变及空间差异研究》，载于《人口学刊》2014 年第 2 期。

[157] 汤婧、于立新：《我国对外直接投资与产业结构调整的关联分析》，载于《国际贸易问题》2012 年第 11 期。

[158] 田淑英、董玮、许文立：《环保财政支出、政府环境偏好与政策效应——基于省际工业污染数据的实证分析》，载于《经济问题探索》2016 年第 7 期。

［159］谭志雄、张阳阳：《财政分权与环境污染关系实证研究》，载于《中国人口·资源与环境》2015 年第 4 期。

［160］谭光荣、史卜云、金培振：《地方政府竞争、生产性支出与企业全要素生产率——基于空间溢出效应视角的经验证据》，载于《产业经济研究》2016 年第 4 期。

［161］王守坤、任保平：《中国省级政府间财政竞争效应的识别与解析：1978～2006 年》，载于《管理世界》2008 年第 11 期。

［162］吴振球、王建军：《地方政府竞争与经济增长方式转变：1998～2010——基于中国省级面板数据的经验研究》，载于《经济学家》2013 年第 1 期。

［163］王文剑、仉建涛、覃成林：《财政分权、地方政府竞争与 FDI 的增长效应》，载于《管理世界》2007 年第 3 期。

［164］王锐兰、刘思峰：《产业同构的利弊分析》，载于《统计与决策》2005 年第 23 期。

［165］魏巍、吴明、吴鹏：《不同发展水平国家在全球价值链中位置差异分析——基于国际产业转移视角》，载于《产业经济研究》2016 年第 1 期。

［166］王丽娟：《我国地方政府财政支出竞争的异质性研究——基于空间计量的实证分析》，载于《财贸经济》2011 年第 9 期。

［167］王华、龚珏：《完善支持科技创新的财税政策推动产业结构调整》，载于《税务研究》2013 年第 3 期。

［168］王文剑、覃成林：《财政分权、地方政府行为与地区经济增长——一个基于经验的判断及检验》，载于《经济理论与经济管理》2007 年第 10 期。

［169］王敏、王青：《教育对经济增长影响的空间效应研究》，载于《大连理工大学学报（社会科学版）》2017 年第 1 期。

［170］伍文中：《政府间财政支出竞争的经济效应研究》，山东大学博士学位论文，2010 年。

［171］王如松、杨建新：《产业生态学和生态产业转型》，载于《世界科技研究与发展》2000 年第 5 期。

[172] 王广深、王金秀：《优化财政支出结构，推进农业生态文明建设》，载于《经济问题探索》2008 年第 7 期。

[173] 吴俊培、万甘忆：《财政分权对环境污染的影响及传导机制分析——基于地市级面板数据的实证》，载于《广东财经大学学报》2016 年第 6 期。

[174] 王延杰：《京津冀治理大气污染的财政金融政策协同配合》，载于《经济与管理》2015 年第 1 期。

[175] 吴玉鸣：《空间计量经济模型在省域研发与创新中的应用研究》，载于《数量经济技术经济研究》2006 年第 5 期。

[176] 魏守华、吴贵生：《我国省区科技空间分布特征、成因及其政策含义》，载于《管理世界》2005 年第 4 期。

[177] 吴敬琏：《论中国改革的市场经济方向》，载于《中国市场》2010 年第 11 期。

[178] 汪辉平、王增涛：《财政支出、空间溢出与区域创新》，载于《经济问题探索》2017 年第 9 期。

[179] 吴旬：《土地价格、地方政府竞争与政府失灵》，载于《中国土地科学》2004 年第 2 期。

[180] 王永钦、张晏、章元等：《中国的大国发展道路——论分权式改革的得失》，载于《经济研究》2007 年第 1 期。

[181] 王廷科：《产业理论发展与我国产业结构演变探析》，载于《兰州商学院学报》1999 年第 3 期。

[182] 吴敬琏：《中国增长模式抉择（修订版）》，上海远东出版社 2006 年版。

[183] 筱原三代平：《产业制造与投资分配》，载于《经济评论》1957 年第 8 期。

[184] 夏杰长、赵学为：《促进环保产业发展的财政金融对策》，载于《经济与管理研究》1999 年第 6 期。

[185] 徐现祥、王贤彬：《中国地方官员治理的增长绩效》，科学出版社 2011 年版。

[186] 徐朝阳、林毅夫：《发展战略、休克疗法与经济转型》，载于

《管理世界》2011 年第 1 期。

[187] 徐朝阳、周念利：《市场结构内生变迁与产能过剩治理》，载于《经济研究》2015 年第 2 期。

[188] 薛钢、潘孝珍：《财政分权对中国环境污染影响程度的实证分析》，载于《中国人口·资源与环境》2012 年第 1 期。

[189] 许治：《新熊彼特增长理论评介》，载于《经济学动态》2005 年第 11 期。

[190] 肖丁丁、朱桂龙：《产学研合作创新效率及其影响因素的实证研究》，载于《科研管理》2013 年第 1 期。

[191] 项歌德、朱平芳、张征宇：《经济结构、R&D 投入及构成与 R&D 空间溢出效应》，载于《科学学研究》2011 年第 2 期。

[192] 遇芳：《中国对外直接投资的产业升级效应研究》，中国社会科学院研究生院中国社会科学院博士学位论文，2013 年。

[193] 袁建国、宋文娟、赵凯：《产业结构调整中的碳税制度设计》，载于《税务研究》2013 年第 5 期。

[194] 严立冬：《绿色农业发展与财政支持》，载于《农业经济问题》2003 年第 10 期。

[195] 姚昕、刘希颖：《基于增长视角的中国最优碳税研究》，载于《经济研究》2010 年第 11 期。

[196] 尹恒、徐琰超：《地市级地区间基本建设公共支出的相互影响》，载于《经济研究》2011 年第 7 期。

[197] 银温泉、才婉茹：《我国地方市场分割的成因和治理》，载于《经济研究》2001 年第 6 期。

[198] 杨瑞龙：《我国制度变迁方式转换的三阶段论———兼论地方政府的制度创新行为》，载于《经济研究》1998 年第 1 期。

[199] 杨灿明：《地方政府行为与区域市场结构》，载于《经济研究》2000 年第 11 期。

[200] 袁钢明：《有重复建设才有竞争》，载于《中国投资》2003 年第 11 期。

[201] 于力、胡燕京：《财政支出对我国产业结构升级的影响——基

于 1978—2006 年省级面板数据的实证分析》，载于《青岛大学学报（自然科学版)》2011 年第 4 期。

[202] 殷德生、唐海燕、毕玉江：《地方财政支出跨境溢出效应的估计及其对区域一体化的影响——基于长江三角洲城市群的实证研究》，载于《财经研究》2014 年第 3 期。

[203] 杨晓锋：《地方财政支出与产业结构优化的动态关联研究——基于 1999～2013 年中国省际面板数据模型的分析》，载于《财贸研究》2016 年第 2 期。

[204] 姚芳：《要素禀赋对要素密集型制造业增长的影响研究——基于各省区机械电子制造业的分析》，载于《经济问题探索》2016 年第 3 期。

[205] 于江波、王晓芳：《经济增长驱动要素在空间与时间两维度的动态演变轨迹》，载于《经济与管理研究》2015 年第 5 期。

[206] 余泳泽、刘大勇：《我国区域创新效率的空间外溢效应与价值链外溢效应——创新价值链视角下的多维空间面板模型研究》，载于《管理世界》2013 年第 7 期。

[207] 杨芷晴、柳光强：《促进环保产业的财税政策质量探讨》，载于《财政研究》2014 年第 12 期。

[208] 闫文娟：《财政分权、政府竞争与环境治理投资》，载于《财贸研究》2012 年第 5 期。

[209] 俞雅乖：《我国财政分权与环境质量的关系及其地区特性分析》，载于《经济学家》2013 年第 9 期。

[210] 余子鹏、王今朝：《投入结构对我国科技产出的效应分析》，载于《工业技术经济》2014 年第 10 期。

[211] 杨宇、沈坤荣：《中国财政可持续性与政府最优融资策略——基于 1978～2009 年数据的实证分析》，载于《制度经济学研究》2011 年第 1 期。

[212] 尹静、平新乔：《中国地区（制造业行业）间的技术溢出分析》，载于《产业经济研究》2006 年第 1 期。

[213] 岳洪江、梁立明：《中美科技投入地区分布的比较研究》，载于《科研管理》2001 年第 6 期。

[214] 杨宇、沈坤荣:《社会资本对技术创新的影响——基于中国省级面板数据的实证研究》,载于《当代财经》2010年第8期。

[215] 庄志彬、林子华:《创新驱动我国制造业转型发展的对策研究》,载于《福建师范大学学报(哲学社会科学版)》2014年第1期。

[216] 赵敏慧:《基于产业升级视角的投融资管理研究》,浙江大学硕士学位论文,2008年。

[217] 张耀辉:《产业创新:新经济下的产业升级模式》,载于《数量经济技术经济研究》2002年第1期。

[218] 张海星、许芬:《促进产业结构优化的资源税改革》,载于《税务研究》2010年第12期。

[219] 张文春:《税收政策在促进高新技术产业发展中的作用及其机理分析》,载于《中国人民大学学报》2006年第1期。

[220] 张同斌、高铁梅:《财税政策激励、高新技术产业发展与产业结构调整》,载于《经济研究》2012年第5期。

[221] 曾纪发:《构建我国绿色财政体系的战略思考》,载于《地方财政研究》2011年第2期。

[222] 朱延松:《构建绿色税制条件下资源环境税的现实取向》,载于《改革》2009年第9期。

[223] 赵书新、欧国立:《信息不对称条件下财政支持环保产业的效果与策略》,载于《郑州大学学报(哲学社会科学版)》2009年第4期。

[224] 曾国祥:《税收政策与企业科技创新》,载于《财贸经济》2001年第3期。

[225] 周黎安:《晋升博弈中政府官员的激励与合作——兼论我国地方保护主义和重复建设问题长期存在的原因》,载于《经济研究》2004年第6期。

[226] 周业安、冯兴元、赵坚毅:《地方政府竞争与市场秩序的重构》,载于《中国社会科学》2004年第1期。

[227] 周业安、赵晓男:《地方政府竞争模式研究——构建地方政府间良性竞争秩序的理论和政策分析》,载于《管理世界》2002年第12期。

[228] 张维迎、栗树和:《地区间竞争与中国国有企业的民营化》,载

于《经济研究》1998 年第 12 期。

[229] 周黎安：《中国地方官员的晋升锦标赛模式研究》，载于《经济研究》2007 年第 7 期。

[230] 周业安：《关于当前中国新制度经济学研究的反思》，载于《经济研究》2001 年第 7 期。

[231] 张晏：《财政分权、FDI 竞争与地方政府行为》，载于《世界经济文汇》2007 年第 2 期。

[232] "中国地方政府竞争"课题组：《中国地方政府竞争与公共物品融资》，载于《财贸经济》2002 年第 10 期。

[233] 张维迎、马捷：《恶性竞争的产权基础》，载于《经济研究》1999 年第 6 期。

[234] 周其仁：《挑灯看剑：观察经济大时代》，北京大学出版社2006 年版。

[235] 周东明：《财政分权与地区经济增长——基于中国省级面板数据的实证分析》，载于《中南财经政法大学学报》2012 年第 4 期。

[236] 曾永明：《高原高山区人口分布特征及影响机制研究——基于空间计量经济学视角》，载于《南方人口》2014 年第 3 期。

[237] 赵楠、高娜：《财政政策支持产业结构升级的策略研究》，载于《云南民族大学学报（哲学社会科学版）》2014 年第 2 期。

[238] 张斌：《财政政策、货币政策运用中的财政风险问题实证分析》，载于《软科学》2013 年第 8 期。

[239] 赵文哲、周业安：《基于省际面板的财政支出与通货膨胀关系研究》，载于《经济研究》2009 年第 8 期。

[240] 周业安：《政府主导的经济增长可持续吗》，载于《理论前沿》2009 年第 6 期。

[241] 张乙明：《企业能力视角的产业重复建设研究》，大连理工大学博士学位论文，2010 年。

[242] 周业安：《地方政府竞争与经济增长》，载于《中国人民大学学报》2003 年第 1 期。

[243] 张军：《中国的分权："良性竞争"，还是"不良竞争"？——

为傅勇新著〈中国式分权与地方政府行为〉而写》，载于《经济社会体制比较》2011 年第 1 期。

[244] 张五常：《中国的经济制度》，中信出版社 2009 年版。

[245] 周黎安：《官员晋升锦标赛与竞争冲动》，载于《人民论坛》2010 年第 15 期。

[246] 周亚虹、宗庆庆、陈曦明：《财政分权体制下地市级政府教育支出的标尺竞争》，载于《经济研究》2013 年第 11 期。

[247] 张建清、张燕华：《中国人力资本总效应被低估了吗?》，载于《中国人口·资源与环境》2014 年第 7 期。

[248] 张光南、洪国志、陈广汉：《基础设施、空间溢出与制造业成本效应》，载于《经济学（季刊)》2013 年第 4 期。

[249] 赵林飞、徐芸青：《基于生态系统的产业生态化研究》，载于《浙江理工大学学报》2007 年第 4 期。

[250] 朱延福、薛金奇：《环保服务产业发展与财政直接投入驱动关系的实证研究——基于长三角数据》，载于《华东经济管理》2015 年第 11 期。

[251] 张悦、林爱梅：《我国环保投资现状分析及优化对策研究》，载于《技术经济与管理研究》2015 年第 4 期。

[252] 周业安、章泉：《财政分权、经济增长和波动》，载于《管理世界》2008 年第 3 期。

[253] 张克中、王娟、崔小勇：《财政分权与环境污染：碳排放的视角》，载于《中国工业经济》2011 年第 10 期。

[254] 周克清、刘海二、吴碧英：《财政分权对地方科技投入的影响研究》，载于《财贸经济》2011 年第 10 期。

[255] 卓乘风、邓峰：《创新要素流动与区域创新绩效——空间视角下政府调节作用的非线性检验》，载于《科学学与科学技术管理》2017 年第 7 期。

[256] 祝树金、虢娟：《开放条件下的教育支出、教育溢出与经济增长》，载于《世界经济》2008 年第 5 期。

[257] Aiyagari, S. and Christian, L. , "The Output, Employment and Interest Rate Effects of Government Consumption", *Journal of Monetary Econo-*

mies, Vol. 30, 1992, pp. 73 – 86.

[258] Anselin, L., "Thirty years of spatial econometrics", *Papers in Regional Science*, Vol. 89, 2010, pp. 3 – 25.

[259] Allenby, "Benevolent Americans: Philanthropic Donations in Nineteenth Century Economic, Religious, and Political Movements", *Contributions to Mineralogy & Petrology*, Vol. 83, 2005, pp. 375 – 384.

[260] Alecke, B., Mitze, T., Reinkowski, J., et al., "Does Firm Size make a Difference? Analysing the Effectiveness of R&D Subsidies in East Germany", *German Economic Review*, Vol. 13, 2012, pp. 174 – 195.

[261] Bain, J. S., Caves, R. E., "Northern California's water industry", *The comparative efficiency of public enterprise in developing a scarce natural resource*, 1966.

[262] Beuuséjour, L., Lenjosek, G. and Smart, M., "A CGE Approach to Modeling Carbon Dioxide Emissionscontrol in Canada and United States", *World Economy*, Vol. 18, 1995, pp. 457 – 483.

[263] Bellais, R., "Post Keynesian Theory, Technology Policy, and Long-term Growth", *Journal of Post Keynesian Economics*, Vol. 26, 2004, pp. 419 – 440.

[264] Borck, R., "Fiscal Competition, Capital-Skill Complementarity, and the Composition of Public Spending, Berlin", German Institute for Economic Research, 2015, pp. 488 – 499.

[265] Blanchard, O., Shleifer, A., "Federalism with and without Political Centralization: China Versus Russia", *Imf Staff Papers*, Vol. 48, 2001, pp. 171 – 179.

[266] Breton, Albert, *Competitive governments: an economic theory of politics and public finance*, Cambridge University Press, 1996, P. 66.

[267] Becker, G. S., "Human capital", *Journal of Political Economy*, Vol. 89, 2013, pp. 1013 – 1025.

[268] Bank, W., *The World Bank economic review*, World Bank, 1986, P. 188.

[269] Barth, J. R., Bartholomew, P. F., Bradley, M. G., "Determinants of Thrift Institution Resolution Costs", *Journal of Finance*, Vol. 45, 1990, pp. 731 - 754.

[270] Barro, R. J., "The Stock Market and Investment", *Review of Financial Studies*, Vol. 3, 1990, pp. 115 - 131.

[271] Barro, R. J., "Government Spending in a Simple Model of Endogeneous Growth", *Rcer Working Papers*, Vol. 98, 1990, pp. 26 - 103.

[272] Baicker, K., "The spillover effects of state spending", *Journal of Public Economics*, Vol. 89, 2005, pp. 529 - 544.

[273] Besley, T., Case, A., "Does Electoral Accountability Affect Economic Policy Choices? Evidence from Gubernatorial Term Limits", *Nber Working Papers*, Vol. 110, 1995, pp. 769 - 798.

[274] Brueckner, J. K., "International Airfares in the Age of Alliances: The Effects of Codesharing and Antitrust Immunity", *Review of Economics & Statistics*, Vol. 85, 2003, pp. 105 - 118.

[275] Besley and Case, "Incumbent Behavior: Vote-Seeking, Tax-Setting, and Yardstick Competition", *The American EconomicReview*, Vol. 85, 1995, pp. 25 - 45.

[276] Baldwin, R. E., Krugman, P., "Agglomeration, integration and tax harmonisation", *European Economic Review*, Vol. 48, 2004, pp. 1 - 23.

[277] Czarnitzki, D. and Katrin, H., The Link between R&D Subsidies, R&D Spending and Technological Performance ZEW, *Discussion Paper*, No. 0456.

[278] Cohen, L, "When Can Government Subsidize Joint Ventures? Politics Economics, and Limits to Technology Policy Research", *American Economic Review*, Vol. 84, 1994, pp. 159 - 163.

[279] Caldeira, E., Rota-Graziosi, G., Foucault, M., "Does decentralization facilitate access to poverty-related services? Evidence from Benin", *Nber Working Papers*, 2012.

[280] Cai, H., Fang, H., Xu, L. C., "Eat, Drink, Firms and Gov-

ernment: An Investigation of Corruption from Entertainment Expenditures of Chinese Firms", *Nber Working Papers*, Vol. 54, 2004, pp. 55 – 78.

[281] Che, J., Qian, Y., "Insecure Property Rights and Government Ownership of Firms", *Quarterly Journal of Economics*, Vol. 113, 1998, pp. 467 – 496.

[282] Chenery, H. B., "Interindustry Research in Economic Development", *American Economic Review*, Vol. 50, 1960, pp. 649 – 653.

[283] Clark, C., *The Conditions of Economic Progress*, London: Macmillan, 1940, P. 68.

[284] Case Anne, C., Rosen Harvey, S. and Hines James, R. Jr., "Budget Spillovers and Fiscal Policy Interdependence: Evidence from the States", *Journal of PublicEconomics*, Vol. 52, 1993, pp. 285 – 307.

[285] Cohen, J. P., Morrison, P., "Public Infrastructure Investment, Interstate Spatial Spillovers and Manufacturing Costs", *Review of Economic and Statistics*, Vol. 86, 2004, pp. 551 – 560.

[286] Deepak Nayyar, "The Internationalization of Firms From India: Investment, Mergers and Acquisitions", *Oxford Development Studies*, Vol. 36, 2008, pp. 111 – 131.

[287] Darrat, A. F., Al-Yousif, Y. K., "On the Long-Run Relationship between Population and Economic Growth: Some Time Series Evidence for Developing Countries", *Eastern Economic Journal*, Vol. 25, 1999, pp. 301 – 313.

[288] Drezner, J. A., "Designing Effective Incentives for Energy Conservation in the Public Sector", *California: Doctor Dissertation of The Claremont Graduate University*, 1999.

[289] Devereux, S., Sabates-Wheeler, R., "Whose (Transformative) Reality Counts? A Reply to Aoo et al", *Ids Bulletin*, Vol. 38, 2007, pp. 32 – 33.

[290] Devarajan, S., Swaroop, V., Zou, H. F., "The composition of public expenditure and economic growth", *Cema Working Papers*, Vol. 37, 1996, pp. 313 – 344.

[291] Deskins, J., Hill, B., "State taxes and economic growth revisited: have distortions changed?", *Annals of Regional Science*, Vol. 44, 2010, pp. 331 – 348.

[292] Ekholm, K. and Torstensson, J., "High-Technology Subsidies in General Equilibrium: A Sector-Specific Approach", *Canadian Journal of Economics*, Vol. 30, 1997, pp. 1184 – 1203.

[293] Ernst, C., Richter, K. and Riedel, N, "Corporate Taxation and the Quality of Research and Development", *International Tax and Public Financ*, Vol. 21, 2014, pp. 694 – 719.

[294] Epple, D., Zelenitz, A., "The Implications of Competition Among Jurisdictions: Does Tiebout Need Politics?", *Journal of Political Economy*, Vol. 89, 1981, pp. 1197 – 1217.

[295] Fisher Brettauer, R., "Studies in avian purine metabolism : an investigation of the source of carbon for uric acid synthesis in pigeons", *Australian Occupational Therapy Journal*, Vol. 56, 1935, pp. 229 – 238.

[296] Fagerberg, J., "Technological progress, structural change and productivity growth: a comparative study", *Structural Change & Economic Dynamics*, Vol. 11, 2000, pp. 393 – 411.

[297] Feldman, "The Extant Assessment of Knowledge Spillovers: Government R&D Policies: Economic Incentives and Private Firm Behavior", *Research policy*, Vol. 10, 1990, pp. 109 – 121.

[298] Fernandez, M., Aguirreurreta, M. B., "revision of platypterygius hauthali of huene, 1927 (ichthyosauria: ophthalmosauridae) from the early cretaceous of patagonia, argentina ", *Journal of Vertebrate Paleontology*, Vol. 25, 2005, pp. 583 – 587.

[299] Gereffi, G., "International trade and industrial upgrading in the apparel commodity chain", Vol. 48, 1999, pp. 37 – 70.

[300] Gereffi, G., *The Governance of Global Value Chains: An Analytic Framework. Under review at*, Review of International Political, 2011, pp. 78 – 104.

[301] Granado, J. A. D., Martinezvazquez, J., Simatupang, R. R.,

"Local Government Fiscal Competition in Developing Countries: The Case of Indonesia", *Urban Public Economics Review*, Vol. 8, 2015, pp. 13 – 45.

[302] Humphrey, J., Mansell, R., Paré, D., et al., "E-commerce for Developing Countries: Expectations and Reality", *Ids Bulletin*, Vol. 35, 2004, pp. 31 – 39.

[303] Hottenrott, H. and Lopes-Bento, C., "(International) R&D Collaboration and Smes: the Effectiveness of Targeted Public R&D Support Schemes", *Research Policy*, Vol. 43, 2014, pp. 1055 – 1066.

[304] Hussinger, K., "R&D and Subsidies at the Firm Level: an Application of Parametric and Semiparametric Two-step Selection Models", *Journal of Applied Econometrics*, Vol. 23, 2008, pp. 729 – 747.

[305] Hanson, K. A., Burns, F., Rybalkin, S. D., et al., "Developmental changes in lung cGMP phosphodiesterase-5 activity, protein, and message", *American Journal of Respiratory & Critical Care Medicine*, Vol. 158, 1998, pp. 88 – 279.

[306] Hinloopen, "Productivity, Innovation and Economic Performance", *Economist-netherlands*, Vol. 5, 2006, pp. 617 – 619.

[307] Hamberg, "R&D: Essay on the Economies of Research and Development", *Randomhouse*, Vol. 4, 2007, pp. 152 – 154.

[308] Hellman, *The incisor relationships in man in their evolutional aspect*, *Lasers in Dentistry VII*, New Zealand Treasury, 2003, pp. 523 – 530.

[309] Jorgenson, D. W. and Fraumeni, B. M., *Relative Prices and Technical Change*, MIT Press, Cambridge, MA, 1981, pp. 17 – 47.

[310] Jeffery, C., Catherine, M., "The impacts of Transportation Infrastructure on Properly Values: a High-order Spatial Econometrics Approach", *Journal of Regional Science*, Vol. 43, 2007, pp. 457 – 478.

[311] Kuznets, S., "Modern Economic Growth: Findings and Reflections", *American Economic Review*, Vol. 63, 1971, pp. 247 – 258.

[312] Keen. M., Marchand, M., "Fiscal competition and the pattern of public spending" *Core Discussion Papers Rp*, Vol. 66, 1997, pp. 33 – 53.

[313] Krugman, P. , "The move toward free trade zones", *Economic Review*, *Vol.* 21, 1991, pp. 5 - 25.

[314] Kuznets, S. , "Economic Growth and Income Inequality", *American Economic Review*, Vol. 45, 1995, pp. 1 - 28.

[315] Kunce, M. , Shogren, J. F. , "Efficient decentralized fiscal and environmental policy: A dual purpose Henry George tax", *Ecological Economics*, Vol. 65, 2008, pp. 569 - 573.

[316] Luna, L. A. , Murray, M. N. , "The effects of state tax structure on bussiness organizational form", *National Tax Journal*, Vol. 63, 2010, pp. 995 - 1021.

[317] Lichtenberg, F. R. , "The Effect of Government Funding on Private Industrial Research and Development: A Reassessment", *Journal of Industrial Economics*, Vol. 36, 1987, pp. 97 - 104.

[318] Lichtenberg, "The Effect of Government Funding on Private Industrial Research and Development: A Reassessment", *The Journal of Industrial Economics*, Vol. 1, 2008, pp. 97 - 104.

[319] Lesage, J. P. , "An Introduction to Spatial Econometrics", *Revue Déconomie Industrielle*, Vol. 123, 2009, pp. 513 - 514.

[320] Lloyd-Ellis, H. , "Public Education, Occupational Choice, and the Growth-inequality Relationship", *International Economic Review*, Vol. 41, 2000, pp. 171 - 202.

[321] Murray, M. P. , "Subsidizing industrial location: a conceptual framework with application to Korea", *Published for the World Bank [by] the Johns Hopkins University Press*, 1988.

[322] Malecki, E. J. , "Towards global action for appropriate technology (Book Review)", *Annals of Regional Science*, 1982.

[323] North Douglass, C. , "Institutions , Institutional Change, and Economic Performance", *Cambridge: Cambridge University Press*, 1990.

[324] A. Owens, "Inheritance and the Life-Cycle of Family Firms in the Early Industrial Revolution", *Business History*, Vol. 44, 2002, pp. 21 - 46.

[325] Opper, S. , Brehm, S. , "Economic Performance and Networks: Political Careers in China's M-Form State", *Business & Economics*, 2007.

[326] Oates, W. E. , Portney, P. R. , "Chapter8 – The Political Economy of Environmental Policy", *Handbook of Environmental Economics*, Vol. 1, 2003, pp. 325 – 354.

[327] Petty, W. S. , *The Petty-Southwell Correspondence*, 1676—1687 *by Marquis of Lansdowne*, *The Petty-Southwell correspondence 1676—1687*, Routledge/Thoemmes Press, 1997, pp. 168 – 169.

[328] Poon, A. , "Tourism, technology and competitive strategies", *New Zealand Geographer*, Vol. 51, 1993, pp. 62 – 63.

[329] Porter Andrew, C. , "Measuring the Content of Instruction: Uses in Research and Practice", *Educational Researcher*, Vol. 31, 2002, pp. 3 – 14.

[330] Pottelsberghe, B. V. , " Raising EU R&D intensity: improving the effectiveness of the mix of public support mechanisms for private sector research and development", *Ulb Institutional Repository*, 2003.

[331] Palazzi, P. , "Taxation and innovation", *OECD Taxation Working Papers*, 2011, P. 20.

[332] Pereirad, A. M. , Roca-Sagales, O. , "Spillovers Effects of Public Capital Formation: Evidence from the Spanish Regions", *Journal of Urban Economics*, Vol. 53, 2003, pp. 238 – 256.

[333] Pace, R. K. , Lesage, J. P. , "A sampling approach to estimate the log determinant used in spatial likelihood problems", *Journal of Geographical Systems*, Vol. 11, 2009, pp. 209 – 225.

[334] Qian, Y. , Roland, G. , "Federalism and the Soft Budget Constraint", *American Economic Review*, Vol. 88, 1998, pp. 1143 – 1162.

[335] Qian, Y. , Weingast, B. R. , "Institutions, State Activism, and Economic Development: A Comparison of State-Owned and Township-Village Enterprises in China", *The Role of Government in East Asian Economies: Comparative Institutional Analysis.* 1997, pp. 254 – 277.

[336] Qian, Yingyi and Weingast, Barry, R. , "China's Transition to

Market: Market-Preserving Federalism , Chinese Style", *Mimeo*, *Stanford University*, 1995.

[337] Rodden, J. , "Reviving Leviathan: Fiscal Federalism and the Growth of Government", *International Organization*, Vol. 57, 2003, pp. 695 – 729.

[338] Rosen, S. , "The Economics of Superstars", *American Economic Review*, Vol. 71, 1981, pp. 845 – 858.

[339] Revelli, F. , "On Spatial Public Finance Empirics", *International Tax & Public Finance*, Vol. 12, 2005, pp. 475 – 492.

[340] Romer, P. M. , *Human capital and growth: Theory and evidence*, Carnegie-rochester Conference Series on Public Policy. RePEc, 1990, pp. 251 – 286.

[341] So, B. W. , "Reassessment of the State Role in the Development of High-Tech Industry: A Case Study of Taiwan's Hsinchu Science Park", *East Asia*, Vol. 23, 2006, pp. 61 – 86.

[342] Shimada, K. , Tanaka, Y. , Gomi, K. and Matsuoka, Y. , "Developing a Long-Term Local Society Design Methodology towards a Low-Carbon Economy: An Application to Shiga Prefecture In Japan", *Energy Policy*, Vol. 35, 2007, pp. 4688 – 4703.

[343] Stoneman, P. , "Use of A Levy/Grant System as an Alternative to Tax Based Incentives to R&D", *Research Policy*, Vol. 20, 1991, pp. 195 – 201.

[344] Spence, "Cost Reduction, Competition, and Industry Performance", *Journal of the Econometric Society*, Vol. 2, 2007, pp. 101 – 103.

[345] Solow, R. M. , "A Contribution to the Theory of Economic Growth", *Quarterly Journal of Economics*, Vol. 70, 1956, pp. 65 – 94.

[346] Shleifer Andrei, "A Theory of Yardstick Competition", *The Rand Journal of Economics*, Vol. 16, 1985, pp. 319 – 327.

[347] Tiebout, C. M. , "A Pure Theory of Public Expenditures", 1959.

[348] Treisman, J. E. , Treisman, J. E. , "Drosophila homologue of the

transcriptional coactivation complex subunits TRAP240 and TRAP230 are required for identical processes in eye-antennal disc development. Development 128, 603 – 615", *Development*, Vol. 128, 2001, pp. 603 – 615.

[349] Wahab, M. , "Asymmetric Output Growth Effects of Government Spending: Cross-Sectional And Panel Data Evidence", *International Review of Economics and Finance*, Vol. 20, 2011, pp. 574 – 590.

[350] Wissema, W. and Dellink, R. , "AGE Analysis of the Impact of a Carbon Energy Tax on theIrish Economy", *Ecological Economics*, Vol. 61, 2007, pp. 671 – 683.

[351] Wu, Y. , "The Effects of State R&D Tax Credits in Stimulating Private R&D Expenditure: A Cross-state Empirical Analysis", *Journal of Policy Analysis and Management*, Vol. 24, 2005, pp. 785 – 802.

[352] Waegenaere, A. D. and Sansing. R. C. , "Multinational Taxation and R&D Investments", *Accounting Review*, Vol. 87, 2012, pp. 1197 – 1217.

[353] Wilson, J. D. , Gordon, R. H. , "Expenditure Competition", *Journal of Public Economic Theory*, Vol. 5, 2003, pp. 399 – 417.

[354] Weingast, B. R. , "Constitutions as Governance Structures: The Political Foundations of Secure Markets", *Journal of Institutional & Theoretical Economics*, Vol. 149, 1993, pp. 286 – 311.

[355] Young, D. , "EBPP 2000. (Industry Trend or Event)", *Wireless Review*, 2000 (December).

[356] Zodrow, G. R. , Mieszkowski, P. M. , "Pigou, Property Taxation and the Under-Provision of Local Public Goods", Vol. 19, 1986, pp. 356 – 370.

后　记

　　本书是在笔者博士论文基础上扩展和修改完成的，在即将付梓之际，心中充满了无尽的感激。

　　首先要感谢我的授业恩师杨得前教授，杨老师帮助我开启了教学科研的大门，找到了为之奋斗的人生方向。杨老师治学态度严谨，学术知识渊博，为人正直低调，是我一生学习的榜样。在此，谨向杨老师表示最衷心的感谢！

　　特别感谢三十年来生我养我、含辛茹苦培育我的父母。我的父母善良、勤劳、包容，谈不上知书达理，也不曾有走遍四方的社会阅历，但平日里言传身教宽以待人；口头禅"天上一滴露，地上一棵草"的豁达让人受益终生。与此同时，也正是爱妻谭菊媛在生活和科研工作中给予的包容与支持，才使我得以全身心地投入本书的写作工作。家人的理解和支持是我前进路上最大的动力！

　　本书的顺利完成得到了多位著名专家的指导和帮助。广东财经大学广东地方公共财政研究中心给予了优越的创作环境和平台支持，中心主任姚凤民教授等领导和专家给予了热心的支持和帮助，对深入研究区域产业升级问题给出了很好的建议，加深了我对实际问题的认识和理解。还要特别感谢江西财经大学李春根教授、谭光兴教授、陈成文教授、张仲芳教授、何植民教授前期就本书的修改和完善提出的宝贵意见，我深知一部好的著作一定是经过反复打磨而成的。此外，本书在出版过程中还得到了经济科学出版社的大力支持，在此，一并表示衷心的感谢！

刘仁济

2020 年 6 月

图书在版编目（CIP）数据

中国地方财政支出对产业升级的空间效应研究／刘仁济著.
—北京：经济科学出版社，2020.9
ISBN 978 - 7 - 5218 - 1867 - 3

Ⅰ. ①中…　Ⅱ. ①刘…　Ⅲ. ①地方财政 - 财政支出 - 影响 -
产业结构升级 - 研究 - 中国　Ⅳ. ①F269.24

中国版本图书馆 CIP 数据核字（2020）第 172408 号

责任编辑：齐伟娜　赵　蕾
责任校对：郑淑艳
责任印制：李　鹏　范　艳

中国地方财政支出对产业升级的空间效应研究
刘仁济／著
经济科学出版社出版、发行　新华书店经销
社址：北京市海淀区阜成路甲 28 号　邮编：100142
总编部电话：010 - 88191217　发行部电话：010 - 88191540
网址：www. esp. com. cn
电子邮箱：esp@ esp. com. cn
天猫网店：经济科学出版社旗舰店
网址：http://jjkxcbs. tmall. com
北京季蜂印刷有限公司印装
710 × 1000　16 开　11 印张　170000 字
2020 年 11 月第 1 版　2020 年 11 月第 1 次印刷
ISBN 978 - 7 - 5218 - 1867 - 3　定价：45.00 元
（图书出现印装问题，本社负责调换。电话：010 - 88191510）
（版权所有　侵权必究　打击盗版　举报热线：010 - 88191661
QQ：2242791300　营销中心电话：010 - 88191537
电子邮箱：dbts@ esp. com. cn）